古典文獻研究輯刊

三四編

潘美月・杜潔祥 主編

第 **44** 冊

肩水金關漢簡分類校注
（第七冊）

王錦城 著

國家圖書館出版品預行編目資料

肩水金關漢簡分類校注（第七冊）／王錦城 著 -- 初版 -- 新
北市：花木蘭文化事業有限公司，2022〔民111〕
目 2+244 面；19×26 公分
（古典文獻研究輯刊 三四編；第 44 冊）
ISBN 978-986-518-899-3（精裝）
1.CST：居延漢簡 2.CST：簡牘文字
011.08   110022688

ISBN-978-986-518-899-3

9 789865 188993

古典文獻研究輯刊
三四編　第四四冊　　　　　ISBN：978-986-518-899-3

肩水金關漢簡分類校注（第七冊）

作　　者　王錦城
主　　編　潘美月、杜潔祥
總 編 輯　杜潔祥
副總編輯　楊嘉樂
編輯主任　許郁翎
編　　輯　張雅淋、潘玟靜、劉子瑄　美術編輯　陳逸婷
出　　版　花木蘭文化事業有限公司
發 行 人　高小娟
聯絡地址　235 新北市中和區中安街七二號十三樓
　　　　　電話：02-2923-1455／傳真：02-2923-1452
網　　址　http://www.huamulan.tw 信箱 service@huamulans.com
印　　刷　普羅文化出版廣告事業
初　　版　2022 年 3 月
定　　價　三四編 51 冊（精裝）台幣 130,000 元　　版權所有‧請勿翻印

肩水金關漢簡分類校注
（第七冊）

王錦城　著

目

次

肩水金關 T30

四月廿二日丙寅，偃〔1〕受長叔〔2〕外長下四千　　　　　　　73EJT30：1

三月一日丙子，偃受長叔十六萬五千　八月廿四日丙寅，靳長叔入錢五千五

百，偃受　　　　　　　　　　　　　　　　　　　　　　73EJT30：2

☑□月入錢千四百，偃受☑　　　　　　　　　　　　　　73EJT30：63

・靳君仲〔3〕入錢卅二萬六千，此下後入錢十萬二□☑　　73EJT30：136

☑八月廿四日丙寅，李少兄〔4〕入錢萬九千九百□☑　　73EJT30：145

【校釋】

　　以上五簡形制、字體筆迹等一致，內容相關，當原屬同一簡冊。其中羅見今、關守義（2015），黃艷萍（2015B）均指出簡 73EJT30：1、73EJT30：2 為同人書寫，屬漢宣帝元康元年簡。又羅見今、關守義（2015）認為簡 73EJT30：145 與 73EJT30：1、73EJT30：2 是同人所書。其說是，我們又發現簡 73EJT30：63 亦和其他三簡字體筆迹相同，內容相關，或可編連。姚磊（2018D，358 頁）則將上述五簡編連為同一簡冊。

【集注】

〔1〕偃：人名。

〔2〕長叔：人名，姓靳。

〔3〕靳君仲：人名。

〔4〕李少兄：人名。

戍卒淮陽郡陳宜民〔1〕里不更苟城〔2〕，年廿四　　　　　73EJT30：3

【校釋】

　　姚磊（2020H，114 頁）懷疑該簡和簡 73EJT30：8、73EJT30：12、73EJT30：13、73EJT30：14、73EJT30：15、73EJT30：25、73EJT30：118、73EJT30：135、73EJT30：262、73EJT30：263、73EJT30：267 共十二枚簡可編連成冊，但按照簡文內容又可細分為三組。

　　今按，此十二枚簡的編連尚存有疑問，即使分組以後，每組各簡之間字體筆迹亦有差異，這一點姚磊（2020H，115 頁）已指出。此外，每組各簡的編繩位置很不一致。故暫不編連作一冊。

【集注】

〔1〕宜民：里名，屬陳縣。

〔2〕苟城：人名，為戍卒。

其一破傷

六月餘犂金五

四完 73EJT30：4

☑六月餘犂冠〔1〕廿　皆敝盡 73EJT30：104

【校釋】

該簡「犂」原作「犁」，犁即犂，該字金關漢簡中多作「犂」，現統一作「犂」。又以上兩簡形制、字體筆迹等一致，內容相關，當屬同一簡冊，或可編連。

【集注】

〔1〕犂冠：或指犂的蓋子。

■右第五十二車十人 73EJT30：5

臨莫〔1〕隧卒趙廣〔2〕　故府〔3〕隧卒充延年〔4〕

禁姦〔5〕隧卒韓盖之〔6〕

並山〔7〕隧卒李赦之〔8〕 73EJT30：7+19

【校釋】

第一行「充」字高一致（2016A，22頁）改釋「克」。今按，該字圖版作形，似非「克」字。

【集注】

〔1〕臨莫：隧名。

〔2〕趙廣：人名，為戍卒。

〔3〕故府：隧名。

〔4〕充延年：人名，為戍卒。

〔5〕禁姦：隧名。

〔6〕韓盖之：人名，為戍卒。

〔7〕並山：隧名。

〔8〕李赦之：人名，為戍卒。

田卒淮陽長平東陽〔1〕里不更鄭則〔2〕，年卅八　　　　　　　　73EJT30：8

【集注】

〔1〕東陽：里名，屬長平縣。

〔2〕鄭則：人名，為田卒。

氐池充郭〔1〕里齊本〔2〕，年五十六　牛車一兩　弩一、矢卅　　　73EJT30：9

【校釋】

　　姚磊（2018D，362 頁）將該簡和簡 73EJT30：10、73EJT30：133+73EJT24：102、73EJT30：152、73EJT30：160、73EJT30：247 共六枚簡編連為同一簡冊。今按，六簡內容相關，或原屬同一簡冊，但其中一些簡之間的字體筆迹似有差異，暫不編連為同一簡冊。

【集注】

〔1〕充郭：里名，屬氐池縣。

〔2〕齊本：人名。

氐池敬老〔1〕里和焉息〔2〕，年廿三　牛二、車一兩　弓一、矢卅

73EJT30：10

【校釋】

　　姚磊（2018D，362 頁）將該簡和簡 73EJT30：9、73EJT30：133+73EJT24：102、73EJT30：152、73EJT30：160、73EJT30：247 共六枚簡編連為同一簡冊。今按，六簡內容相關，或原屬同一簡冊，但其中一些簡之間的字體筆迹似有差異，暫不編連為同一簡冊。

【集注】

〔1〕敬老：里名，屬氐池縣。

〔2〕和焉息：人名。

戍卒淮陽郡陳安眾〔1〕里不更舒畢〔2〕，年廿四　庸同里不更夏歸來〔3〕，年廿六

73EJT30：12

【校釋】

　　「歸」字凌文超（2017，88 頁）改釋作「隨」。今按，該字圖版作 ▨ 形，似非「隨」字。

【集注】

　〔1〕安眾：里名，屬陳縣。

　〔2〕舒畢：人名，為戍卒。

　〔3〕夏歸來：人名。

戍卒淮陽郡陳高里〔1〕不更宋福〔2〕，年廿四　庸張過〔3〕里不更孫唐得〔4〕，年卅
　　　　　　　　　　　　　　　　　　　　　　　　　　　　73EJT30：13

【集注】

　〔1〕高里：里名，屬陳縣。

　〔2〕宋福：人名，為戍卒。

　〔3〕張過：里名，屬陳縣。

　〔4〕孫唐得：人名。

戍卒淮陽郡苦魯里〔1〕不更華橫〔2〕，年卅四　　　　73EJT30：14

【校釋】

　　「華」原作「葉」，伊強（2014C）釋。

【集注】

　〔1〕魯里：里名，屬苦縣。

　〔2〕華橫：人名，為戍卒。

戍卒淮陽郡陳逢卿〔1〕里不更許陽〔2〕，年廿七　庸進賢〔3〕不更□常，年卅三
　　　　　　　　　　　　　　　　　　　　　　　　　　　　73EJT30：15

【校釋】

　　未釋字凌文超（2017，88 頁）補釋作「皮」。今按，該字圖版作 ▨ 形，似非「皮」字。

【集注】

　〔1〕逢卿：里名，屬陳縣。

〔2〕許陽：人名，為戍卒。
〔3〕進賢：當為里名。

右前候長□□都隧七所　　見慈其〔1〕千東
　　　　　　　　　　　　　　　　　率亭作四百五十丈
其三所有彊洛，四所毋彊洛　其五百束已□　　　73EJT30：18

【集注】

〔1〕慈其：于豪亮（1981B，46頁）：慈其疑即茈綦，慈是從母字，茈既可以是從母字，又可以是精母字、崇母字，茈綦之茈，當係從母字，故慈和茈以雙聲通假；綦從其得聲，綦和其通假是沒有問題的。因此慈其就是茈綦。《廣雅．釋草》：「茈綦，蕨也。」茈綦又名為綦、紫綦或茈萁，《爾雅．釋草》「綦，月爾」，郭注：「即紫綦也，似蕨可食。」《後漢書．馬融傳》「茈萁蕓蒩」則書作茈萁。

裘錫圭（1982C，88頁）：「慈其」跟古書里的「茲其」「茲基」「鎡其」「鎡基」「鎡錤」「鎡錤」，當是同名的異寫。這是鋤、欘一類的工具的名稱（看《周禮．地官．遂大夫》孫詒讓《正義》）。古代農具多木身，僅於口沿套金屬冠。簡文所謂刈慈其、伐慈其，疑指採伐用作器身的木料而言。

中國簡牘集成編輯委員會（2001H，110頁）：即河西走廊常見的芨芨草，可用來織席和編繩。

安忠義、強生斌（2008，33頁）：茈綦即紫蕨，為紫色的蕨菜，與綠蕨相對。

聶丹（2014，82頁）：居延漢簡、居延新簡中的「慈其」「慈萁」「茲其」，就是「綦」「紫綦」「茈綦」「紫蕨」，也就是蕨菜。

張麗萍、張顯成（2016，132頁）：簡文慈其就是席萁。前人把慈其釋為工具名、野菜名，是完全錯誤的。釋為飼草名，是片面的。釋為芨芨草，是不準確的。 從訓詁學角度看，慈其與芨芨草雖所指相同，但訓釋不對，因為兩者語音差距大，若將它們看作同一個詞，於音理不合。

今按，從漢簡來看，「慈其」為一種植物，從其可用於編繩等來看，其應當較為堅固。因此說其為蕨菜恐不妥當。而認為其是鋤、欘一類工具器身的木料似亦不確。就目前來看，以慈其為芨芨草的說法最為可信。

觻得廣穿〔1〕里公乘虞良〔2〕，年卌（上）

葆兄子嘉〔3〕，年十五　三月辛未，北，嗇夫豐〔4〕出
方箱車一乘，馬一匹，騂牝、齒十歲、高六尺二寸（下）　　　73EJT30：20

【校釋】

　　第一行「穿」字原作「窮」，黃浩波（2018A，122 頁）釋。

【集注】

　〔1〕廣穿：里名，屬觻得縣。

　〔2〕虞良：人名。

　〔3〕嘉：人名，為虞良兄弟的兒子。

　〔4〕豐：人名，為關嗇夫。

大子舍人騎〔1〕弋居〔2〕孝里〔3〕謝宰〔4〕通籍〔5〕　　☑　　　73EJT30：22

【集注】

　〔1〕大子舍人騎：《後漢書·百官志四》：「太子舍人，二百石。本注曰：無員，更
　　　值宿衛，如三署郎中。」李賢注引《漢官》曰：「十三人，選良家子孫。」此
　　　簡言太子舍人騎，或因其值宿衛，常騎於馬上。

　〔2〕弋居：據《漢書·地理志》，弋居為北地郡屬縣。

　〔3〕孝里：里名，屬弋居縣。

　〔4〕謝宰：人名，為太子舍人騎。

　〔5〕通籍：《漢書·元帝紀》：「令從官給事宮司馬中者，得為大父母父母兄弟通籍。」
　　　顏師古注引應劭曰：「籍者，為二尺竹牒，記其年紀名字物色，縣之宮門，案
　　　省相應，乃得入也。」《漢書·魏相傳》：「光夫人顯及諸女皆通籍長信宮。」
　　　顏師古注：「通籍，謂禁門之中皆有名籍，恣出入也。」則通籍為進出宮門之
　　　名籍。

居延亭長孤山〔1〕里刑延壽〔2〕，年五十一　用馬一匹，驪齒十歲　正月丙寅入
　　　　　　　　　　　　　　　　　　　　　　　　　　　　　73EJT30：23

【集注】

　〔1〕孤山：里名。

　〔2〕刑延壽：人名，為亭長。

　……

鞠五斗，直卅五

負錢卅　凡所負子惠〔1〕錢五百一十五　　　　　　　　73EJT30：24A+122A

酒米三石，直五百一十　稚二隻，其一隻以當履錢

麥一石、粟二石，直三百　凡子惠負千廿錢

……　　　　　　　　　　　　　　　　　　　　　　　73EJT30：122B+24B

【校釋】

　　　伊強（2015D）綴，A面第二行「負錢卅」的「卅」原作「卅」，綴合後釋。B
面簡號順序伊強（2015D）作73EJT30：24B+122B，此據簡文順序改。又B面第一
行「稚」字圖版作 形，釋「稚」似非。

【集注】

〔1〕子惠：人名。

戍卒淮陽郡苦平陽〔1〕里不更金□廣，年卅二　　☑　　　73EJT30：25

【校釋】

　　　未釋字凌文超（2017，88頁）作「梗」。今按，該字圖版作 形，似非「梗」
字。

【集注】

〔1〕平陽：里名，屬苦縣。

□都尉屬陳恭〔1〕，中功〔2〕一、勞〔3〕三歲十月　北部司馬令史樂音〔4〕，中
功一、勞三月廿四日

□嗇夫隗敢〔5〕，中功一、勞三歲十月廿四日　顯美〔6〕令史馬□，中功一、
勞三歲三月十四日

居延令史鄭惲〔7〕，中功一、勞三歲四月七日　郡庫令史崔枚〔8〕，中功一、勞
三歲三月四日　　　　　　　　　　　　　　　　　　　73EJT30：29A

□□千人令史郭良〔9〕，中功一、勞三月　大□令史傅建〔10〕，功一、勞三歲
八月十日

□□都尉屬傅博〔11〕，中功一、勞三歲八日　居延都尉屬孫萬〔12〕，中功一、
勞二歲一月

□千人令史諸戎〔13〕，功勞一、勞二歲十月　十一日　　　73EJT30：29B

【校釋】

　　鄔文玲（2019，249～250頁）補釋 A 面第一行簡首未釋字作「騎」，第二行簡首未釋字作「延水」、「馬」後一字作「戎」，補釋 B 面第一行簡首未釋字作「居延」、「大」後一字作「城」，第二行簡首未釋字作「北部」，第三行簡首未釋字作「騎」。曹天江（2020，196頁）除 A 面第一行「騎」字之外，其餘均從鄔釋。今按，補釋應當可信，但從圖板來看，原未釋字大多磨滅或模糊不清，不能確知，此暫從整理者釋。

【集注】

〔1〕陳恭：人名，為都尉屬。

〔2〕中功：徐子宏（1988，32頁）：漢代邊郡，功與勞是有區別的。功指工作中突出的貢獻，似分為小功、中功、大功，相當於現在講的績；勞指任職視事的時間，以歲月計，相當於現在講的勤。

　　　胡平生（1995，54頁）：我們認為，「中」即「中程」「中式」之「中」，是「合」「適」的意思。由於計算功勞的時日，不是按照為吏的時間等量折算的，所以有「中」或不「中」問題，哪些時間可以計勞計功，哪些時間不上功不計勞，有法律規定。「中勞律」，解釋得更準確一點，可能應當說是關於計算勞績的法律。由此可知，居延簡中寫明了「中功」「中勞」的，應是比較正式的檔案文書；而沒有特別寫出「中」字的，則可能屬於比較隨便的報表材料。也許這種報表須經上級核准之後，才能夠冠以「中」字，其含義是：已得到法律或上級認可的功勞。

　　　李振宏（2003，35頁）：這個「功」，應指政績而言。「功多尤為最者」，即政績優異之人。其功也可以分為上功與下功。《文選・答賓戲》注引《漢書音義》曰：「上功曰宕，下功曰殿。」但史籍中卻不見有記功的具體數字，如漢簡中「功三」「功一」之類。既然居延漢簡中的功可以有具體數字，就說明它是十分具體的東西，應是立功次數的記錄。那麼，漢簡中的「功」應是具體的事功。

　　　邢義田（2011C，114頁）：在漢代的邊塞上，不像在京師的官僚，仍有野戰斬敵，建功立勛的機會……正因為漢邊的「功」不完全是累日積勞，也有其他方式積累功勞，包括戰功，我們才比較好理解前文所說的窮虜隊長單立為什麼三十歲的小小年紀就能累積功勞達「功五勞三月」了。

于振波（2012，210～211頁）：不論「功」是指捕殺敵人的數量，還是指一定數量的「勞日」，都是用數量來表示其大小，并根據數量進行獎賞的，無須在「功」前面注上、中或下等表示等級的詞語。因此，「中功」之「中」與「中勞」之「中」用法相同，並不表示等級。

今按，功的情況較為複雜，目前來看，胡平生提出積勞四歲即進為一功的看法應當是合理可信的。「中功」的中，顯然不是上中下的中，其應當如胡平生所說為「中程」「中式」的「中」。又邢義田認為漢邊的「功」不完全是累日積勞，也有其他方式如戰功等積累功勞，這種看法亦有道理，但功最主要的還是以積勞得到。

〔3〕勞：胡平生（1995，52頁）：我們可以認定，一「功」的時間應當是「勞四歲」。也就是說，在計算戍邊將士的功勞時，凡積勞四歲，即進為一功。

于振波（2012，209頁）：事實上，「勞」即「勞日」，也就是工作時間，用年、月、日表示，而「勞日」本身不可能有上下等級之別的，而只有時間長短之分……《呂氏春秋·恃君鑒·行論》：「禹不敢怨，而反事之，官為司空，以通水潦。以中帝心。」高誘注：「中猶得。」「中」可訓為「得」，有得到、獲得之意，做動詞用。據此，「中勞律」即滿足法定標準而獲得「勞」的法律。

今按，勞即累日積勞，指出勤或勞動日數。

〔4〕樂音：人名，北部司馬令史。

〔5〕隗敞：人名，為嗇夫。

〔6〕顯美：據《漢書·地理志》，顯美為張掖郡屬縣。

〔7〕鄭惲：人名，為居延令史。

〔8〕崔枚：人名，為郡庫令史。

〔9〕郭良：人名，為千人令史。

〔10〕傅建：人名，為令史。

〔11〕傅博：人名，為都尉屬。

〔12〕孫萬：人名，為居延都尉屬。

〔13〕諸戎：人名，為千人令史。

屬國都尉屬陳嚴〔1〕，中功二、勞七月七日　北部都尉史陳可〔2〕，中功一、勞三月廿日

敦□置嗇夫張尊〔3〕，中功二、勞五月十三日　城倉令史徐譚〔4〕，中功二、勞二月五日

刪丹庫嗇夫徐博〔5〕，中功二、勞五月一日　刪丹令史成功並〔6〕，中功一、勞三歲十一月二日

肩水候官令史王嚴〔7〕，中功二、勞四月　北部庫嗇夫□□，中功一、勞三歲十月廿日　　　　　　　　　　　　　　　　　　　　　　　73EJT30：30A

□□□嗇夫孫忠〔8〕，中功三、勞三歲十月　肩水都尉屬□並，中功二、勞二歲三月十八日

屬國左騎千人令史馬陽〔9〕，中功三、勞四月廿日　屋蘭候官令史孫宏〔10〕，中功二、勞一歲七月五日

□守屬林參〔11〕，中功二、勞九月廿一日　延水嗇夫路興〔12〕，中功二、勞十月一日

氐池令史丁彊〔13〕，中功二、勞二歲十月十日　居延千人令史陽召〔14〕，中功二、勞九月

居延殄北令史蘇誼〔15〕，中功二、勞二歲五月五日　居延都尉屬王宣〔16〕，中功二、勞十月五日　　　　　　　　　　　　　　　　　　　　　　73EJT30：30B

【校釋】

鄔文玲（2019，251 頁）補釋 A 面第二行「敦」後未釋字作「德」，第四行未釋字作「瞿宏」，補釋 B 面第一行簡首未釋字作「城倉守」、「屬」後未釋字作「張」，第三行簡首未釋字作「兼」。曹天江（2020，196 頁）除 B 面第一行「城倉守」之外，其餘均從鄔釋。今按，補釋應當可信，但從圖板來看，原未釋字大多磨滅或模糊不清，不能確知，此暫從整理者釋。

又鄔文玲（2019，251 頁）指出以上 73EJT30：29、73EJT30：30 兩簡當屬於同一簡冊，是某年對張掖郡軍政和民政系統屬吏的功勞統計，大體是根據功勞數由高到低進行排列的。曹天江（2020，199 頁）亦認為兩簡可能屬於同一冊書，且將兩簡的閱讀順序調整為 30B→30A→29A→29B。今按，說當是。兩簡內容相關，或原屬同一簡冊。

【集注】

〔1〕陳嚴：人名，為屬國都尉屬。

〔2〕陳可：人名，為北部都尉史。

〔3〕張尊：人名，為置嗇夫。

〔4〕徐譚：人名，為城倉令史。

〔5〕徐博：人名，為刪丹庫嗇夫。

〔6〕成功並：人名，為刪丹令史。

〔7〕王嚴：人名，為肩水候官令史。

〔8〕孫忠：人名，為嗇夫。

〔9〕馬陽：人名，為屬國左騎千人令史。

〔10〕孫宏：人名，為屋蘭候官令史。

〔11〕林參：人名，為守屬。

〔12〕路興：人名，為延水嗇夫。

〔13〕丁彊：人名，為氐池令史。

〔14〕陽召：人名，為居延千人令史。

〔15〕蘇誼：人名，為殄北令史。

〔16〕王宣：人名，為居延都尉屬。

易〔3〕縣索〔4〕用三千二百丈

乘胡〔1〕隧長張常華〔2〕　　易古惡鹿木用三百枚　　□□□　　　　73EJT30：31

【校釋】

第二行「華」原作「辛」，葛丹丹（2019，1804 頁）釋。該字姚磊（2017C6）釋「業」。

【集注】

〔1〕乘胡：隧名。

〔2〕張常華：人名，為乘胡隧長。

〔3〕易：當指更換，代換。《漢書・趙堯傳》：「孰視堯曰：『無以易堯。』遂拜堯為御史大夫。」顏師古注：「言堯可為之，餘人不能勝也。易，代也。」

〔4〕縣索：馬曼麗（1992，68 頁）：懸索一般設在天田附近，或單行、或數行，大致與天田並行延伸。作用有點像鐵絲網。

中國簡牘集成編輯委員會（2001H，122 頁）：天田兩側木樁上佈設的繩索。木樁謂之柃柱，繩索謂之懸索，與天田同為配套實施。

　　李均明（2005）：「縣索」為懸掛在間隔 2 米半左右的立柱上的三道繩索，沿著「天田」綿延佈設，其外觀猶今邊界上架設的鐵絲網，用以阻隔人馬跨越，是明顯的界標。

　　今按，諸說是。懸索為懸掛在天田兩邊的繩索。

```
                    ☑☑
                    出三百禽寇為尉丞居
禽寇〔1〕駐北十二月奉千二百    出二百七十尉丞居
                    出卅禽寇祭（上）
出五十八常平臬一      ・凡出出千卌六    ☑
出二百小麥二石      餘百五十四償禮忠〔2〕少它少千四百☑
出百一十六帛布八尺    ☑
出六十八黍米二斗    ☑（下）                    73EJT30：32
```

【集注】

〔1〕禽寇：隧名。

〔2〕禮忠：人名。

　☑凡四百卌四人   73EJT30：36

　始至〔1〕里☑   73EJT30：37

【集注】

〔1〕始至：里名。

　☑　以食臬他次稽〔1〕隧卒☑   73EJT30：38

【集注】

〔1〕次稽：隧名。

臨利〔1〕隧長鰈得孔袁〔2〕　隧隧長伏見人史□見隧長   73EJT30：39

【校釋】

　　「袁」張再興、黃艷萍（2017，72 頁）釋「吉奴」。今按，釋「吉奴」可從，但從簡文書寫來看，「吉奴」似當為一字，暫從整理者釋。

【集注】

〔1〕臨利：隧名。

〔2〕孔裒：人名，為臨利隧長。

出糜一石九斗三升少　以食逆寇〔1〕隧卒王廣國〔2〕二月食　　　73EJT30：40

【集注】

〔1〕逆寇：隧名。

〔2〕王廣國：人名，為戍卒。《急就篇》可見人名「由廣國」，顏師古注曰：「廣國，言為本朝益土地也。」

茂陵嘉平☑　　　　　　　　　　　　　　　73EJT30：44

出穄糜〔1〕二石☑　　　　　　　　　　　　73EJT30：45

【集注】

〔1〕穄糜：何雙全（1986，523 頁）：穄糜、黍同類，即有黏性的穀物，其實曰黃米或黍米。

中國簡牘集成編輯委員會（2001G，158 頁）：今稱糜子。《廣雅·釋草》：「穄糜，穄也。」朱駿聲《說文通訓定聲·壯部》：「穄，黍之黃而不黏者。」今按，穄糜即糜，也即糜、稷、穄，為不黏的黍。何說似不妥。

四百　二百　二百　二百　二百　六百　　　　73EJT30：47

☑寸、黑色☐☐☐☑　　　　　　　　　　　73EJT30：52

酒五斗、脯一塊　　☑　　　　　　　　　　73EJT30：53

民百廿六人　凡百卅二人　　　　牛車百一十四兩·其廿六兩塞吏家車　　☑

其三人卒　　馬十四·其一匹官馬　牛百廿五·其廿七塞吏家牛　　☑

　　　　　　　　　　　　　　　　　　　　73EJT30：58

☑　橐佗

☑　牛車　　　　　　　　　　　　　　　　73EJT30：60

居延廚嗇夫公乘張宗〔1〕，年五十　☑　　73EJT30：65

【集注】

〔1〕張宗：人名，為居延廚嗇夫。

☑　七月乙卯盡甲申卅日，積百廿人☑　　　　　　　73EJT30：66

一人木工　七月乙卯盡甲申卅日，積卅人　　　　　　73EJT30：103

【校釋】

　　以上兩簡羅見今、關守義（2015）認為為同人所書，較大概率屬於地節三年，但不能排除建昭三年的可能，故有兩解。今按，說是，兩簡形制、字體筆迹等一致，內容相關，當屬同一簡冊，或可編連。

　　　　　　　落從者義□☑

☑□籍慶已入

　　　　　　　輼車一乘、牛☑（削衣）　　　　　　73EJT30：72

☑食並山〔1〕隧卒靳安世〔2〕五月　　☑　　　　　73EJT30：74

【集注】

　〔1〕並山：隧名。

　〔2〕靳安世：人名，為戍卒。

☑士潘陽〔1〕，年卅三　　☑　　　　　　　　　　73EJT30：75

【集注】

　〔1〕潘陽：人名。

☑□城隧長宗昌〔1〕取　　　　　　　　　　　　　73EJT30：78

【集注】

　〔1〕宗昌：人名，為隧長。

☑□以其百償卒□□☑

☑士馬食麥直☑　　　　　　　　　　　　　　　　73EJT30：80A

☑二百□十，以償□□☑

☑其餘以償聖所☑

☑取奉☑　　　　　　　　　　　　　　　　　　　73EJT30：80B

出麥二石　以食執適〔1〕隧華安世〔2〕四月食　　73EJT30：85

【校釋】

「華」原作「葉」，伊強（2014C）釋。

【集注】

〔1〕執適：隧名。

〔2〕華安世：人名。

氐池斗食令史公大夫孫長生〔1〕　　　　　　　　　73EJT30：89

【集注】

〔1〕孫長生：人名，為斗食令史。

☑□人　徒六人　奴一人　輺車一乘、馬四匹　牛車九兩　☑ 73EJT30：93

六十，各卑〔2〕四尺

張貞〔1〕計　百九十五，各彖〔3〕丈三尺

百廿，夆素〔4〕六尺

卅五，各彖三尺　凡四百廿　　　73EJT30：96+123

【集注】

〔1〕張貞：人名。

〔2〕各卑：「各」或通「絡」，指生絲。《急就篇》：「綈絡縑練素帛蟬。」顏師古注：「絡，即今之生綃也。」卑可指黑色絲織品，則各卑為生絲製作的黑色絲織品。

〔3〕各彖：或通「絡緣」。緣為衣物的飾邊，《說文‧糸部》：「緣，衣純也。」各彖或指生絲製作的衣物邊飾。

〔4〕夆素：「夆」或通「絳」。夆素不明，待考。

累山〔1〕戍卒淮陽郡陽夏平里〔2〕夏尊〔3〕，自言貸騂北亭卒同縣孟閭人〔4〕、字中君，錢五百五十　　　　　　　　　73EJT30：102

【集注】

〔1〕累山：隧名。

〔2〕平里：里名，屬陽夏縣。

〔3〕夏尊：人名，為戍卒。

〔4〕孟閭人：人名，為戍卒。

大河無鹽〔1〕守令、壽良〔2〕右尉樂〔3〕　　ノ　　　　　73EJT30：105

【集注】

〔1〕無鹽：據《漢書·地理志》，無鹽為東平國屬縣。東平國武帝元鼎元年為大河
郡，宣帝甘露二年為東平國。

〔2〕壽良：據《漢書·地理志》，壽良為東郡屬縣。

〔3〕樂：人名，為無鹽守令、壽良右尉。

☑□浦，年卅、長七尺二寸　黑　牛車一兩　　　　　　　73EJT30：106

　　　　　　　　　　　　　　　三石具弩一
戍卒濟陰郡定陶商里〔1〕爰橫〔2〕　　幘一
　　　　　　　　　　　　　　　槀矢五十　　　　　　　73EJT30：113

【集注】

〔1〕商里：里名，屬定陶縣。

〔2〕爰橫：人名，為戍卒。

☑頃八十畝，直錢四萬八千　　　　□□□□□□□
☑頃一十六畝，直錢萬一千六百□　　　　　　　　　73EJT30：115

田卒魏郡貝丘宜春〔1〕里大夫趙建〔2〕，年卅八　長七尺二寸、黑色　ノ
　　　　　　　　　　　　　　　　　　　　　　　　73EJT30：117

【集注】

〔1〕宜春：里名，屬貝丘縣。

〔2〕趙建：人名，為田卒。

戍卒淮陽郡陳隱丘〔1〕里不更趙從〔2〕，年卅　　　　73EJT30：118

【集注】

〔1〕隱丘：里名，屬陳縣。

〔2〕趙從：人名，為戍卒。

從者淮陽郡陳未里〔1〕夏侯君公　∫劍一、刀一　　73EJT30：119

【集注】

〔1〕未里：里名，屬陳縣。

居延令史充國〔1〕　劍一　弓一、矢廿　∫　　　　　　73EJT30：120

【集注】

〔1〕充國：人名，為居延令史。

吏十六人　奴婢二人　輂車十六乘　牛車一兩
民十六人　　　　　　馬卅八匹　　　　　　　　　　73EJT30：121

廣谷〔1〕隧長馮安世〔2〕　☑　　　　　　　　　　　73EJT30：131

【集注】

〔1〕廣谷：隧名。

〔2〕馮安世：人名，為廣谷隧長。

觻得千秋〔1〕里萬政〔2〕，年廿六、長七尺三寸、黑色　☑　73EJT30：132

【集注】

〔1〕千秋：里名，屬觻得縣。

〔2〕萬政：人名。

氐池千秋〔1〕里田德〔2〕，年廿　牛車一兩　☑　　　73EJT30：133

【校釋】

　　姚磊（2017H8）綴合該簡和簡 73EJT24：102。今按，兩簡出土於不同探方，
茬口並不能吻合，似不能綴合。又姚磊（2018D，362 頁）將該簡和簡 73EJT30：9、
73EJT30：10、73EJT30：152、73EJT30：160、73EJT30：247 共六枚簡編連為同一
簡冊。今按，六簡內容相關，或原屬同一簡冊，但其中一些簡之間的字體筆迹似有
差異，暫不編連為同一簡冊。

【集注】

〔1〕千秋：里名，屬氐池縣。

〔2〕田德：人名。

戍卒淮陽郡陳思孝〔1〕里不更盖寬〔2〕，年卅八　長☐　　　　　73EJT30：135

【校釋】

「長」字淩文超（2017，88頁）釋作「庸」，姚磊（2017I1）、（2018E，203頁）認為亦有可能是「庸」字，但此字殘缺嚴重，暫存疑不釋較為合適。今按，改釋或可從，但簡末殘斷，該字僅存少許筆畫，不能辨識，暫從整理者釋。

【集注】

〔1〕思孝：里名，屬陳縣。

〔2〕盖寬：人名，為戍卒。

☐□京　鏃一、弓一、矢卅五　留守材　　　　　　　　　73EJT30：137

正月廿六日責和長卿家戴賓三千貸　　☐　　　　　　　73EJT30：138

☐　軟弱毋辨護不勝任〔1〕，免缺　　　　　　　　　　73EJT30：139

【集注】

〔1〕軟弱毋辨護不勝任：連劭名（1988，138頁）：「毋辨護」之意大體與「不職」「不任職」相當，皆言不盡其責……漢代社會風習，凡因軟弱而失官者，甚遭非議，遭罷免者亦羞愧難當，無地自容。

徐世虹（1996，318頁）：軟弱不任吏職係漢律罪名，又稱「軟弱不勝任」。其罪的科定，有政績平庸之軟弱。《漢書・百官公卿表》：「孝元永光四年，光祿大夫瑯琊譚仲叔為京兆尹四年，不勝任，免。」有痼疾不任朝之軟弱。《漢書・王子侯表》：「東莞侯吉，坐痼疾不任朝，免。」以居延新簡見之，又有不任候望之軟弱。EPT48：8簡：「庠呼不塗治，案嚴軟弱不任候望。」還有不盡職守之軟弱。EPT59：3～4簡：「不侵守候長士吏猛敢言之：將軍行塞，舉駟望隧長杜未央所帶劍，刃生，狗少一，未央貧急，軟弱毋以塞，舉請斥免。謁言官敢言之。」就軟弱不勝任而言，雖然相應於該罪的處罰僅可見「免」或「斥免」，但在漢代官吏的心目中，一旦因軟弱不勝任而被斥免，則意味著自身價值的喪失，終生也難以再度入仕，其恥辱遠甚於因貪贓污職而受刑。

中國簡牘集成編輯委員會（2001J，5頁）：或軟弱不任職，官吏考核語。軟弱指無為官的能力和條件，包括身體健康狀況。

邢義田（2011E，547頁）：軟弱一詞也是漢代任免官吏的重要術語。軟弱非指身體之軟弱，而是不稱或未盡職守，凡軟弱皆去職。

今按，諸說是。《漢官六種·漢舊儀》：「官寺鄉亭漏敗，垣墙陁壞所治，無辦護者，不稱任，先自劾不應法。」則毋辦護當是說對官署等沒有進行治理維護。

戍卒淮陽郡苦平川〔1〕里大夫蔡外〔2〕，年卅四　　　　73EJT30：140+241

【校釋】

伊強（2016H）綴。

【集注】

〔1〕平川：里名，屬苦縣。

〔2〕蔡外：人名，為戍卒。

氐池長年〔1〕里□☑　　　　　　　　　　　　　　73EJT30：141

【集注】

〔1〕長年：里名，屬氐池縣。

民廿一人　牛車七十五兩　　☑　　　　　　　　73EJT30：142

書佐五人，見　　☑　　　　　　　　　　　　　73EJT30：143

☑□　軺車一乘、馬一匹，弓一、劍一　　☑　　73EJT30：146

從者一人　軺車一乘、馬二匹　　　　　　　　　73EJT30：147

氐池敬老〔1〕里和鐵柱〔2〕，年廿五　牛車一兩☑　73EJT30：152

【校釋】

姚磊（2018D，362 頁）將該簡和簡 73EJT30：9、73EJT30：10、73EJT30：133+73EJT24：102、73EJT30：160、73EJT30：247 共六枚簡編連為同一簡冊。今按，六簡內容相關，或原屬同一簡冊，但其中一些簡之間的字體筆迹似有差異，暫不編連為同一簡冊。

【集注】

〔1〕敬老：里名，屬氐池縣。

〔2〕和鐵柱：人名。

從吏長壽　從者一人　軺車□☑　　　　　　　　73EJT30：153A

……☑   73EJT30：153B

淮陽郡固始縣盟鄉嗇夫昊畢成〔1〕，年廿七　☑   73EJT30：154

【集注】

〔1〕昊畢成：人名，為盟鄉嗇夫。

☑　車牛一兩、刃一   73EJT30：155
出麥二石　以食☑   73EJT30：156

■右伍長柳應〔1〕　☑   73EJT30：158
■右伍長董信〔2〕　☑   73EJT30：159

【校釋】

以上兩簡形制、字體筆迹一致，內容關聯，當屬同一簡冊，或可編連。姚磊（2018D，362 頁）亦將兩簡編連為同一簡冊。

【集注】

〔1〕柳應：人名，為伍長。

〔2〕董信：人名，為伍長。

氐池先定〔1〕里董信〔2〕，年卅　牛車一兩　☑   73EJT30：160

【校釋】

姚磊（2018D，362 頁）將該簡和簡 73EJT30：9、73EJT30：10、73EJT30：133+73EJT24：102、73EJT30：152、73EJT30：247 共六枚簡編連為同一簡冊。今按，六簡內容相關，或原屬同一簡冊，但其中一些簡之間的字體筆迹似有差異，暫不編連為同一簡冊。

【集注】

〔1〕先定：里名。

〔2〕董信：人名。

趙恩〔1〕一頃，直錢☑   73EJT30：162

【集注】

〔1〕趙恩：人名。

☑□擇　牛車一兩，劍一、大刀一　　☑　　　　73EJT30：164

☑小史闡都〔1〕里周奉親〔2〕　　☑　　　　73EJT30：165

【校釋】

「闡」字原作「關」，張俊民（2015A）釋。

【集注】

〔1〕闡都：里名。

〔2〕周奉親：人名，為小史。

☑昭武當市〔1〕里張常賢〔2〕　　☑　　　　73EJT30：166

【集注】

〔1〕當市：里名，屬昭武縣。

〔2〕張常賢：人名。

屋蘭倉佐福至〔1〕里公大夫徐熊〔2〕，年卅五、黃色☑　　73EJT30：168

【集注】

〔1〕福至：里名。

〔2〕徐熊：人名，為屋蘭倉佐。

☑　劍一　　　　　　　　　　　　　　　73EJT30：171
軺車一乘、馬一匹☑　　　　　　　　　　73EJT30：173
☑路入錢五萬□☑　　　　　　　　　　　73EJT30：175
出麥八石　·食隧長　四月食積四月，月二石　73EJT30：178
☑□寸、黑色　弩一、矢廿枚　字子游，車馬一乘　卩　73EJT30：181

☑□觻得長秋〔1〕里、年廿九歲、姓郭氏、故□□□☑　73EJT30：182

【集注】

〔1〕長秋：里名，屬觻得縣。

☑年廿八　長七尺二寸、黑色　　□☑　　　73EJT30：183

□卒淮陽郡苦安見〔1〕里公乘秦始〔2〕，年卅、長七尺☑　　　73EJT30：184

【集注】

〔1〕安見：里名，屬苦縣。

〔2〕秦始：人名，為戍卒。

安世〔1〕從者始至〔2〕里公大夫張延年〔3〕，年十五、長六尺☑

73EJT30：185

【集注】

〔1〕安世：人名。

〔2〕始至：里名。

〔3〕張延年：人名，為從者。

☑　十二月壬辰不畫一里　　☑　　　73EJT30：186

廣谷〔1〕隊長氐池步光〔2〕里公乘莊未央〔3〕，年☑　　　73EJT30：189

【集注】

〔1〕廣谷：隧名。

〔2〕步光：里名，屬氐池縣。

〔3〕莊未央：人名，為隧長。

☑　十二月壬辰不見☑　　　73EJT30：190

☑　隧長一人　□□二　☑

☑　戍卒二人　鐵鞮鍪二　☑

☑　　　　革鞮鍪三・多一　☑　　　73EJT30：191

　　　　□□□

☑□□　革鞮鍪三　☑

　　　靳干三　　　73EJT30：192

　　　　　　□□□　☑

☑利里公乘司馬章〔1〕，年卅

　　　　　　阜單衣一領☑　　　73EJT30：195

【集注】

〔1〕司馬章：人名。

☑□為且鹿伏牛〔1〕隧長☑　　　　　　　　　　　73EJT30：196

【集注】

〔1〕伏牛：當為隧名。

傳馬雛㯟　　☑　　　　　　　　　　　　　　　73EJT30：198

☑□劍一、盾一　卩　　　　　　　　　　　　　73EJT30：199

河內溫當洛〔1〕里□☑　　　　　　　　　　　　　73EJT30：200

【集注】

〔1〕當洛：里名，屬溫縣。

☑　食匈奴單于□☑　　　　　　　　　　　　　73EJT30：201

	□福五十		王□☑
	趙誠〔1〕少四百，已入百一十，定少二百九十		龐明☑
☑□□二百	傅可〔2〕五百，少二百七十		張□☑
☑□□百五十	綦毋□□□二百五十		辛□☑

73EJT30：207A

☑□九尺□九　直錢八□□　☑
☑……四　　任子力〔3〕得十六　□□☑
☑……　　　□□□　　　□□□☑　　73EJT30：207B

【集注】

〔1〕趙誠：人名。

〔2〕傅可：人名。

〔3〕任子力：人名。

☑皆嫂偈取　　　　十一月中取麥三石石百一十　　·又正月中取脂一斤
　　此皆二月庚寅　又閏月中取麥二石石百為□酒　·又雞出入直
☑斤直卌九斤七……　又閏月晦買肉廿斤斤七十為正弓　百五十四

73EJT30：208A

☑　又丞相史□卿及居延都尉夫人來，使守閣熹〔1〕取二斗

☑□取三斗酒為　居逢□□解白時也　　　　　　　　　73EJT30：208B

【集注】

〔1〕熹：當為人名。

```
                    卒一人見　　六石弩一，不正，負四算　　□☑
□□長□敞見　　　　　轉射皆不承長辟　　☑
                    枔柱〔1〕一栝，負二算　　☑
                    ·右新舉　　☑　　　　　　　　73EJT30：214
```

【集注】

〔1〕枔柱：初師賓（1984A，195 頁）：三行懸索長一里三十六步，一行長為一百一
　　十二步。懸索如此之長，約設在天田附近，或單行，或數行，大致與天田並行
　　延伸。這可能有點像後世的鐵絲網。在枔柱上橫曳細索，可攔截示警；未鋪設
　　天田之處，能偵知敵人出入。枔，同檻、軨，木柱排立狀。

　　　　馬曼麗（1992，68 頁）：各亭隧的天田約連成一長條地帶。懸索一般設在
　　天田附近，或單行，或數行，大致與天田並列延伸。作用有點像鐵絲網。枔柱
　　為安裝懸索的排列狀木柱。

　　　　中國簡牘集成編輯委員會（2001G，218 頁）：木樁，多同懸索一起出現，
　　為懸掛和固定懸索的木樁。

　　　　今按，諸說是。枔柱為天田兩邊懸掛懸索的木柱子。

☑己丑卒持弩出

☑卒付□□卒□　　　　　　　　　　　　　　　　　　　73EJT30：218

☑□黃安樂〔1〕里大夫路赦〔2〕，年廿七　　☑　　　　　73EJT30：219

【集注】

〔1〕安樂：里名。

〔2〕路赦：人名。

☑具弩一　　蚕銅鍭四百☑

☑□三　　　服三·多一☑

☑☑☑五　蘭二冠☑　　　　　　　　　　　　　　73EJT30：222

☑☑☑長☑☑☑☑☑廣六寸☑後

☑☑☑南入　　　　　　　　　　　　　　　　　　73EJT30：223

從者左馮翊武城〔1〕竟里〔2〕公乘☑☑　　　　　73EJT30：224

【集注】

〔1〕武城：左馮翊屬縣。《漢書・地理志上》：「武城，莽曰桓城。」

〔2〕竟里：里名，屬武城縣。

魏郡館陶☑☑　　☑（竹簡）　　　　　　　　　　73EJT30：225

☑十二月辛酉入　　　　　　　　　　　　　　　73EJT30：226

☑☑當利〔1〕隧☑　　　　　　　　　　　　　　73EJT30：238

【校釋】

　　　該簡由兩片簡綴成，前二字為一簡，後三字為另一簡。姚磊（2017C7）認為兩簡並不能綴合，應是不同的兩枚簡，未釋第一字疑是「雲」字。今按，姚說可信，兩片簡形制、字體筆迹等明顯不同，當不能綴合。

【集注】

〔1〕當利：隧名。

☑☑　車牛一兩　　　　　　　　　　　　　　　73EJT30：242

氐池先定〔1〕里☑☑　　　　　　　　　　　　73EJT30：247

【校釋】

　　　姚磊（2018D，362 頁）將該簡和簡 73EJT30：9、73EJT30：10、73EJT30：133+73EJT24：102、73EJT30：152、73EJT30：160 共六枚簡編連為同一簡冊。今按，六簡內容相關，或原屬同一簡冊，但其中一些簡之間的字體筆迹似有差異，暫不編連為同一簡冊。

【集注】

〔1〕先定：里名，屬氐池縣。

☑☑　弩一、矢廿，劍一　　　　　　　　　　　　　　　　73EJT30：248
☑　牛車一兩☑☑　　　　　　　　　　　　　　　　　　　73EJT30：252

☑□三千，犁冠廿五錢百☑
☑二千九百又六☑（削衣）　　　　　　　　　　　　　　73EJT30：255

【校釋】

　　第一行「犁」原作「犂」，犂即犁，該字金關漢簡中多作「犁」，現統一作「犁」。

☑穀百石，直八千☑
☑☑☑☑☑　　　　　　　　　　　　　　　　　　　　　73EJT30：256

☑☑☑☑　出十枚　　☑
　　　　　出卅八·□☑　　☑
☑□　　　　右□□　☑（削衣）　　　　　　　　　　73EJT30：257
☑□錢三千（削衣）　　　　　　　　　　　　　　　　　73EJT30：258

☑□　塢戶上給皆□　□布蓬少二□☑
☑　　□蓬毌紐□白　□□□□　☑（削衣）　　　　　73EJT30：260

【校釋】

　　第二行「紐」下一字作 形，右邊是「冐」，而居延漢簡可見「蓬銅」（68·63）、「銅紐」（113·28）等文例，因此該字或當是「銅」字。

☑……　　　　　　塢□☑
☑革穿一負□　蘺火☑
　　　　　塢中不騷☑（削衣）　　　　　　　　　　　73EJT30：261

【校釋】

　　原釋文作：☑□□　□□□□□　　　　　塢□☑
　　　　　　　　☑　　塢中不□革穿一負□　蓬火☑
　　何茂活（2015G）重新綴合後釋。並認為從內容及筆迹看，73EJT30：260簡應與本簡出自同一簡，惜乎二者殘損嚴重，無法再作綴合。

戍卒淮陽郡陳安夷〔1〕里不更鄭廬〔2〕，年廿四　　　　73EJT30：262

【校釋】

　　「鄴」林獻忠（2014）、（2016，133 頁）釋「鄰」。今按，該字圖版作 ![字形] 形，其左半當非「枼」，釋「鄴」恐不妥，整理者釋讀或不誤。

【集注】

〔1〕安夷：里名，屬陳縣。

〔2〕鄴盧：人名，為戍卒。

田卒淮陽郡長平北親〔1〕里不更費畢〔2〕，年卅五　　庸西陽〔3〕里不更莊登〔4〕，
年卅八　　　　　　　　　　　　　　　　　　　　　　　　　　73EJT30：263

田卒淮陽郡長平高閭〔5〕里不更李范〔6〕，年廿六　　庸南垣〔7〕不更費充〔8〕，
年廿五　　　　　　　　　　　　　　　　　　　　　　　　　　73EJT30：267

【校釋】

　　以上兩簡形制、字體筆迹一致，內容相關，當屬同一簡冊，或可編連。

【集注】

〔1〕北親：里名，屬長平縣。

〔2〕費畢：人名，為田卒。

〔3〕西陽：里名，屬長平縣。

〔4〕莊登：人名。

〔5〕高閭：里名，屬長平縣。

〔6〕李范：人名，為田卒。

〔7〕南垣：當為里名，屬長平縣。

〔8〕費充：人名。

張掖卒史張憙〔1〕　　劍一，弓犢丸一、矢卅　　軺車一乘馬二匹　73EJT30：265

【校釋】

　　「憙」原作「熹」，高一致（2016A，22 頁）釋。

【集注】

〔1〕張憙：人名，為張掖卒史。

河南郡雒陽樂歲〔1〕里公乘蘇之〔2〕，年廿六、長七尺二寸、黑色　　弓一、矢
十二　　乘方相一，乘馬驅牡、齒十歲　　九月甲辰出卩　　　　73EJT30：266

【集注】

〔1〕樂葳：里名，屬雒陽縣。

〔2〕蘇之：人名。

肩水金關 T31

潁川郡潁陰邑□☑　　　　　　　　　　　　　　　73EJT31：1

☑□孔少卿〔1〕一斗，未入卩☑
☑□康子文〔2〕五斗，未入卩☑　　　　　　　73EJT31：3A
☑□丑卒翁卿〔3〕四斗　　☑
☑□卒翁卿又一斗　　☑　　　　　　　　　　73EJT31：3B

【集注】

〔1〕孔少卿：人名。

〔2〕康子文：人名。

〔3〕翁卿：人名。

觻得南至〔1〕里不更王譚〔2〕，年十七、長□☑　　73EJT31：6

【集注】

〔1〕南至：里名，屬觻得縣。

〔2〕王譚：人名。

☑氐池南空〔1〕☑　　　　　　　　　　　　　73EJT31：7

【集注】

〔1〕南空：趙海龍（2014D）：依據漢代登記信息時採用的「縣名+里名」原則，此
　　條簡文應為氐池縣南空里。

　　　　今按，說是。「南空」當為里名，屬氐池縣。

■服胡〔1〕隧☑　　　　　　　　　　　　　73EJT31：8

【集注】

〔1〕服胡：隧名。

☑□五斤，直六百廿四　☑

☑□受五百□　☑　　　　　　　　　　　　73EJT31：10

☑麋廿一石六斗　∫冂☑　　　　　　　　　73EJT31：11

☑千秋　軺車一乘、馬一匹　七月☑　　　　73EJT31：17

☑□茹二石廿斤　受幣絕歲簿　☑　　　　　73EJT31：23

戍卒東郡東阿臨利〔1〕里公乘時將來〔2〕，年卅三　☑　　73EJT31：26

【集注】

〔1〕臨利：里名，屬東阿縣。

〔2〕時將來：人名，為戍卒。

掾葆居延利上〔1〕里不更左延□☑　　　　73EJT31：27

【集注】

〔1〕利上：里名，屬居延縣。

☑公乘張政〔1〕，年卅二　☑　　　　　　73EJT31：28

【集注】

〔1〕張政：人名。

☑……

☑□　已得彭城〔1〕糸絮七斤，直四百廿七　財物直五千七百五十五

　　　　　　　　　　　　　　　　　　　73EJT31：30

【校釋】

　　　第一行未釋字胡永鵬（2020，118頁）補釋作「已得□□縣絮……」，又第二行簡首未釋字其補釋「百」。今按，補釋或是，但簡文殘損過甚，不能確知。

【集注】

〔1〕彭城：據《漢書·地理志》，彭城為楚國屬縣。

☑劍一枚　□☑

☑弩一、矢卅三枚　☑　　　　　　　　　　73EJT31：31

出麥一石九斗三升少　以稟禽寇〔1〕隧卒狄捐之〔2〕三月食☒　73EJT31：33

【集注】

〔1〕禽寇：隧名。

〔2〕狄捐之：人名，為戍卒。

河南緱氏武平〔1〕里大夫程宗〔2〕　　　　　　　　　　73EJT31：38

【集注】

〔1〕武平：里名，屬緱氏縣。

〔2〕程宗：人名。

☒芮薪〔1〕二石　　橐□□　　深目九　　　闌戶墼〔2〕三百
☒沙竃一　　　　馬矢二石　傅□面一　　戶關〔3〕二
☒破逢一　　　　沙二石　　表二　　　　□楪□
　　　　　　　　槍卅　　　戶戊〔4〕二　　□□□
　　　　　　　　　　　　　　　　　　　汲嬰〔5〕二　　73EJT31：67

【校釋】

　　第一行「闌戶」原未釋，該兩字張俊民（2015A）曾補釋作「冥門」，姚磊（2017J2）補作「冥戶」，我們曾認為是「關門」。現在看來，該兩字雖圖版有殘損，但無疑當釋「闌戶」。「闌戶墼」又見於居延漢簡506・1號簡和居延新簡EPT48・18A號簡，其中「闌」字曾未釋出或被誤釋，據新近所出紅外線圖版中清晰的字形來看，其當為「闌」。葛丹丹（2019，1825頁）亦釋作「闌戶」。

　　第三行「楪」上一字當釋「楱」，該字圖版作 ，漫漶不清，但左邊木旁明顯，當為「楱」字，「楱楪」西北漢簡常見。姚磊（2017J2）釋同。

　　又第三行「逢」字姚磊（2017J2）釋「釜」。今按，該字圖版作 形，明顯非「釜」字，整理者釋讀不誤。

　　又第五行「嬰」姚磊（2017J2）釋為「器」，第一行「橐」和「九」姚磊（2017J2）認為當存疑不釋。今按，釋或可從，但以上諸字圖版殘泐不清，不能辨識，暫從整理者釋。

【集注】

〔1〕芮薪：陳直（2009，388頁）：芮薪謂草薪，與木薪義相對舉。《說文》：「芮芮，草生貌。」

　　初師賓（1984A，184 頁）：芮，《說文》以為草生之貌，或謂柔細狀，見段玉裁注。故芮薪似為細碎叢茸之木材碴末，木薪則為稍長大的木柴（條、塊、段）。

　　薛英群（1991，402 頁）：芮，絮也。《呂氏春秋・必已》「不食穀食，不衣芮溫。」這裏應指以蘆葦絮為薪，當作薪的燃料。

　　李天虹（2003，114～115 頁）：芮薪或是木材的殘渣粉末，木薪是木棒、木條。瓦箕、瓦帚、瓦枓，即陶製的簸箕、掃帚和枓勺。《墨子・備城門》：「二十五步一竈，竈有鐵鐕，戒以為湯。及持沙，毋下千石」，「城上沙，五十步一積。竈置鐵鐕焉，與沙同處」。鐕即鬵，《說文》：「鬵，大斧也。」沙、竈、釜共處，三者顯係發生關係。綜合分析，芮薪、木薪可焚燒為炭；沙置釜中，以竈加熱，防禦攻敵時，以箕、枓盛裝火炭、熱沙拋灑於城下，可擊殺、阻撓攻城之敵。帚應當是用來打掃灑落在地上的炭、沙。

　　袁瑩（2012，60 頁）：「芮薪」應該是材質比較柔軟的草類燃料的統稱，西北漢簡中的蘆葦、蒤其在用作燃料的時候應該都可以稱為「芮薪」，「蒲」和「需葤」也有可能是「芮薪」所指的燃料。「芮薪」在漢代西北地區可以用作烽燧的燃料，製造積薪和苣等。

　　今按，《說文・艸部》：「芮，芮芮，艸生皃。」桂馥《義證》：「謂艸初生芮芮然小也。」《文選・潘岳〈西征賦〉》：「營宇寺署，肆廛管庫，蕞芮於城隅者，百不處一。」李善注引《說文》曰：「芮，小貌。」則芮薪當指小薪，從其用石來計量看，應當是木渣鋸末一類東西。

〔2〕闌戶壂：初師賓（1984A，202 頁）：壂以閉門、堵門命名，並列入守禦器，顯然不是一般的建築材料，當屬非常時期堵封和加固塢燧門戶的備用品，在平時不得動用。當敵人圍困城障並準備攻入時，己方不得已，用土石封閉城門等薄弱處，決心長期固守。

　　今按，其說或是。闌戶壂即用於填塞門戶的土坯。

〔3〕戶關：初師賓（1984A，206～207 頁）：戶關，或稱門關。戶戍，或稱門戍，亦即《漢書・五行志》《谷永傳》之「門牡」……閉門的橫木為關；禁關之楔曰戍（牡、楗）；容納戍的裝置曰閉（牝）。

　　薛英群、何雙全、李永良（1988，75 頁）：插擋門戶的木栓。

　　中國簡牘集成編輯委員會（2001F，131 頁）：封閉門的橫木。

　　今按，諸說是。戶關即門閂。《說文・門部》：「關，以木橫持門戶也。」

〔4〕戶戌：羅振玉、王國維（1993，152頁）：戌，未詳何物，此與戶對舉，恐即「牡」之假借字。《漢書・五行志》：「長安章城門門牡自亡，函谷關次門牡亦自亡。」顏師古曰：「牡，所以下閉者也。」下「雜事類」第四十六簡云：「戶關戌各二。」以戌與關對舉，《說文》：「關，以木橫持門戶也。」又：「䦙，關下牡也。」《漢書・谷永傳》：「關動牡飛。」皆關、牡連言，足證「戌」字之為「牡」之假借矣。古者閉門，以橫木施於其上，謂之關，即今之門檻。又以直木上貫關，下插地，橫木為牝，直木為牡，故謂之牡。「戶與牡不調利」，則失重閉之用，故申儆之。

　　勞榦（1960，51頁）：簡言門戌即門牡，王氏《考釋》言《漢書・五行志》師古注「牡所下閉者也」，據音之通轉，定為即簡中之門戌，其說是也。

　　今按，諸說是。「戌」通「牡」，戶牡即橫持門戶之門閂上又上下貫穿的直木。

〔5〕汲罌：莊小霞（2017，84頁）：「罌」當即「甖」，同「罌」，既可用來汲水，也可存水。用於汲水，可稱作「汲罌」，簡文如「汲罌二」（肩叁73EJT31：67）。用於存水，稱作「諸水罌」，也作「諸水甖」。

　　今按，說是。「罌」通「甖」，為瓶一類容器。汲水罌即用於打水的甖。

治渠卒南陽郡鄧邑〔1〕陽里〔2〕公乘胡凡〔3〕，年卅　　ｓ☑　　　73EJT31：70

【集注】

〔1〕鄧邑：鄭威（2015，225頁）：《漢志》南陽郡有鄧縣，地在今湖北省襄陽市西北團山鎮鄧城村南。

　　今按，說是。《漢書・地理志上》：「鄧，故國。都尉治。」顏師古注引應劭曰：「鄧侯國。」據此簡則其曾為邑。

〔2〕陽里：里名，屬鄧邑。

〔3〕胡凡：人名，為治渠卒。

☑庠呼五寸以上　☑　　　　　　　　　　　　　　73EJT31：73

☑張順〔1〕正月奉　　　　　　　　　　　　　　73EJT31：74

【集注】

〔1〕張順：人名。

東部建始四年三月吏奉名籍　　☑　　　　　　　　73EJT31：76

☑□菱二百冊束　☑　　　　　　　　　　　　　73EJT31：78

☑小婢綠〔1〕，年十歲、黑色　　□□□☑　　　　73EJT31：79

【集注】

〔1〕綠：人名，為小婢。

☑六十　給第六隧長城郭護〔1〕□月盡九月，積四月奉　73EJT31：129+82

【校釋】

　　姚磊（2016I2）綴。未釋字姚磊（2016I2）補釋「七」。今按，該字磨滅，從殘存筆畫來看，似為「七」字，但「七月盡九月」則非「積四月」，釋「七」於文義不安，暫從整理者作未釋字處理。

【集注】

〔1〕城郭護：人名，為第六隧長。

☑氐池利陽〔1〕里箕宗〔2〕，年卅八　本始四年七月乙☑　73EJT31：84

【集注】

〔1〕利陽：里名，屬氐池縣。

〔2〕箕宗：人名。

☑鑠得武安〔1〕里公乘宋文〔2〕，年卅二歲、黑色、長☑　73EJT31：85+90

【校釋】

　　伊強（2015A）綴。

【集注】

〔1〕武安：里名，屬鑠得縣。

〔2〕宋文：人名。

☑　五月壬午入☑　　　　　　　　　　　　　　73EJT31：89

☑□六　庸同縣樂昌〔1〕里公乘□氣，年☑　　　　73EJT31：91

【集注】

〔1〕樂昌：里名。

田卒魏郡繁陽鉅當〔1〕里大夫石虞人〔2〕，年廿七　　▨　　　　73EJT31：93

【校釋】

「繁」原作「繁」，黃艷萍（2016B，137 頁）、（2018，137 頁）釋。

【集注】

〔1〕鉅當：里名，屬繁陽縣。

〔2〕石虞人：人名，為田卒。

廣谷〔1〕隧卒郭息〔2〕　　失候　　▨　　　　　　　　　73EJT31：94

【集注】

〔1〕廣谷：隧名。

〔2〕郭息：人名，為戍卒。

服胡〔1〕隧長忘得〔2〕八十□▨

陳秋〔3〕自言責　　▨　　　　　　　　　　　　　　　　73EJT31：95

【集注】

〔1〕服胡：隧名。

〔2〕忘得：人名，為服胡隧長。

〔3〕陳秋：人名。

▨　以閏月乙未入　　卩　　　　　　　　　　　　　　73EJT31：98

百卌六里有奇▨　　　　　　　　　　　　　　　　　73EJT31：100

▨□□卅頭予府・凡六十　　　　　　　　　　　　　73EJT31：106

▨君，年卅□▨　　　　　　　　　　　　　　　　　73EJT31：108

【校釋】

「君」原作「右」，葛丹丹（2019，1827 頁）釋。

▨　車一兩　　▨　　　　　　　　　　　　　　　　73EJT31：110

▨出麥一石九斗　　▨　　　　　　　　　　　　　　73EJT31：112

```
                  三月六百              出百冊貸單租  ……  ☑
禁姦〔1〕隧長田立〔2〕  四月六百  凡二千七百        出十就……   ☑
                  五月六百        出百□□      ……  ☑
                                          73EJT31：113
```

【集注】

〔1〕禁姦：隧名。

〔2〕田立：人名，為禁姦隧長。

表是安漢〔1〕里□☑　　　　　　　　　　73EJT31：121

【集注】

〔1〕安漢：里名，屬表是縣。

☑　□男來，年四　　☑　　　　　　　　73EJT31：122

☑□高孔里孫林〔1〕，年五十、長☑　　　73EJT31：123

【集注】

〔1〕孫林：人名。

表是宜眾〔1〕里唐越〔2〕　　☑　　　　　73EJT31：125

【集注】

〔1〕宜眾：里名，屬表是縣。

〔2〕唐越：人名。

☑□□三月辛酉南☑　　　　　　　　　　73EJT31：130

☑□溫成曲〔1〕里公乘綦毋
☑……　　　　　　　　　　　　　　　73EJT31：134

【集注】

〔1〕成曲：里名，屬溫縣。

☑候長廣宗〔1〕主隧六所，負二□□□第九□　☑（削衣）　73EJT31：138

【集注】

〔1〕廣宗：人名，為候長。

茂陵信德〔1〕里公乘兒華〔2〕，年十六　二月乙亥，南入　　73EJT31：143

【集注】

〔1〕信德：里名，屬茂陵縣。

〔2〕兒華：人名。

☑□令史辛利親〔1〕七月奉　丿自取　　73EJT31：144

【集注】

〔1〕辛利親：人名，為令史。

淮陽陽夏陽里〔1〕公乘王安定〔2〕，年卅　丿（竹簡）　　73EJT31：145

【集注】

〔1〕陽里：里名，屬陽夏縣。

〔2〕王安定：人名。

氐池廣漢〔1〕里段敞〔2〕，年卅五　車牛一兩　　73EJT31：146

【集注】

〔1〕廣漢：里名，屬氐池縣。

〔2〕段敞：人名。

・屋蘭河平二年八月送被□傳馬名籍　　☑　　73EJT31：147

軺車一乘，馬一匹，騂牝、齒九歲　　☑　　73EJT31：150

☑□卒便載郡所漕穀在陝中者，人一月食　　73EJT31：152

	初元年十月廿九日	四月卅日
	閏月卅日	五月廿九日
	十一月廿九日　丿亥	六月卅日
□□□□□□有秩候長公乘□福日迹簿	十二月卅日	七月卅日
		73EJT31：153

【校釋】

　　該簡羅見今、關守義（2015）指出上欄可視為紀年簡，已寫明是初元元年（前48），所記與今曆譜全合。問題是下欄四、六、七月個大月，五月小月，卻不屬於初元元年。其實，簡上並未說明上下兩欄屬於同一年。下欄應屬於初元二年（前47）年：四月庚寅朔，五月庚申朔，六月己丑朔，七月己未朔，八月己丑朔，與簡記相合。此簡上下欄分屬兩年，在它左右原應有同冊年曆簡，這種曆譜制式較為少見。

　　今按，該簡屬日迹簿，所記為候長□福初元元年十二個月每月巡察邊塞的天數，並非曆譜。

出錢三千六百　其千六百償故南部候長陳博〔1〕　河平元年十一月丁酉〔2〕　斗食給候長上官元〔3〕八月盡十月奉　　　　　　　　　　　　73EJT31：158

【集注】

〔1〕陳博：人名，為曾經的南部候長。

〔2〕河平元年十一月丁酉：河平，漢成帝劉驁年號。據徐錫祺（1997，1628頁），河平元年十一月丁酉朔，為公曆公元前28年12月14日。

〔3〕上官元：人名，為候長。

觻得壽貴〔1〕里大夫梁千秋〔2〕，年廿一、長☑　　　　　73EJT31：159

【集注】

〔1〕壽貴：里名，屬觻得縣。

〔2〕梁千秋：人名。

☑丙申出　　　　　　　　　　　　　　　　　73EJT31：174

☑丙辰出　丿　　　　　　　　　　　　　　　73EJT31：184

☑□長猛　☑　（削衣）　　　　　　　　　73EJT31：185

・凡酒二石七斗□□　壬申　□☑　　　　　73EJT31：201A

……☑　　　　　　　　　　　　　　　　　73EJT31：201B

☑錢……

☑……錢六十……　　　　　　　　　　　　73EJT31：205

☑……錢☑　　　　　　　　　　　　　　　73EJT31：206

☑二人病　☑

☑□作　　☑　　　　　　　　　　　　　　　　　　73EJT31：222

☑□刀一　☑　　　　　　　　　　　　　　　　　　73EJT31：223

從者居延收降〔1〕里大夫宋南來〔2〕，年十七　長六尺五寸、黑色☑

　　　　　　　　　　　　　　　　　　　　　　　　73EJT31：228

【集注】

　〔1〕收降：里名，屬居延縣。

　〔2〕宋南來：人名，為從者。

☑□□□□餘田一頃　　　　　　　　　　　　　　　73EJT31：229

觻得步利〔1〕里不更☑　　　　　　　　　　　　　73EJT31：236

【集注】

　〔1〕步利：里名，屬觻得縣。

　　　　　……☑

……　□□□□直千。皁綺一兩，直八百……☑　　73EJT31：239A

……☑　　　　　　　　　　　　　　　　　　　　73EJT31：239B

【校釋】

　　「綺」字原作「袴」，張再興、黃艷萍（2017，75 頁）認為或當隸定為「綺」，
《金關簡》中有 19 例「綺」，皆從「糸」。今按，其說是，據改。

肩水金關 T32

最　斗食令史六人

　　佐三人　　　　　　　　　　　　　　　　　　　73EJT32：1

戍卒南陽郡棘陽〔1〕楊里〔2〕大夫鄭黯〔3〕　　年……☑　　73EJT32：2

【集注】

　〔1〕棘陽：南陽郡屬縣。

　〔2〕楊里：里名，屬棘陽縣。

　〔3〕鄭黯：人名，為戍卒。

河南郡雒陽吉陽〔1〕里柏竟〔2〕，年廿三　牛車一□☑　　　　73EJT32：4

【集注】

〔1〕吉陽：里名，屬雒陽縣。

〔2〕柏竟：人名。

直里〔1〕宋道〔2〕　　☑　　　　　　　　　　　　　　73EJT32：7

【集注】

〔1〕直里：里名。

〔2〕宋道：人名。

各牟一匹，六百五十，完象六尺，尺十一　　　　祁三尺，尺十

各象七尺，尺十四　　各卓丈，尺十二　　　　·凡直千一百卅一

　　　　　　　　　　完青丈七尺半，尺十三　　　73EJT32：10

☑　馬一匹、輻車一乘☑　　　　　　　　　　　　73EJT32：11

☑橐他馳馬〔1〕亭長猛〔2〕　　　　　　　　　　　73EJT32：12

【集注】

〔1〕馳馬：亭名。

〔2〕猛：人名，為馳馬亭長。

☑　二月辛卯入　卩　　　　　　　　　　　　　　73EJT32：13

·凡脯卅六朐　　　　　　　　　　　　　　　　　73EJT32：15

☑辛丑入　牛車一乘☑　　　　　　　　　　　　　73EJT32：17

☑月丙子出　字翁君　丿　　　　　　　　　　　　73EJT32：18

☑出　卩　　　　　　　　　　　　　　　　　　　73EJT32：23

□世取□五升食□□□　　　　　　　　　　　　　73EJT32：31

□□□百　　　　楊紺〔1〕百五十　　☑

□子公百　　　　孫紺〔2〕五十　　　☑

楊高〔3〕百　　　張嵩用〔4〕百五十　　☑

葉稚君〔5〕卅　　孟子公〔6〕五十　　☑　　　　73EJT32：32A

```
        □□五十三   陳喬〔7〕百□   □子□五十
紺錢□   □受□卅   成□賓百五十   張□□十五
        贛子□□   □□子百              之□□□◿
        孫紺百    □□□五十                      3EJT32：32B
```

【校釋】

B 面第二行「賓」字原作「實」，該字圖版作 形，當為「賓」字。又葛丹丹（2019，1837 頁）釋 A 面第四行「葉」為「枼」，B 面第一行「子□」為「子期」。今按，說或是，但所釋字圖版模糊不清，不能確知，暫從整理者釋。

【集注】

〔1〕楊紺：人名。

〔2〕孫紺：人名。

〔3〕楊高：人名。

〔4〕張嵩用：人名。

〔5〕葉稚君：人名。

〔6〕孟子公：人名。

〔7〕陳喬：人名。

```
                      隧長一人     ◻
樂昌〔1〕隧南到當利〔2〕隧  戍卒二人     鐵鎧〔3〕◻
二里二百廿步          ·凡吏卒三人   革    ◻
                      鐵鍉◻
                      革鍉◻            73EJT32：39
```

【集注】

〔1〕樂昌：隧名。

〔2〕當利：隧名。

〔3〕鐵鎧：中國簡牘集成編輯委員會（2001G，52 頁）：即鎧甲。以金屬薄片綴成，戰時用以護身。《釋名·釋兵》：「鎧或謂之甲，似物孚甲以自禦也。」

今按，說是。鐵鎧即鐵的鎧甲。

◻卒被兵簿   73EJT32：47

出糜二石　　以食當井〔1〕隧長周勝〔2〕五月食　　　　73EJT32：57+49

【校釋】

伊強（2016E，124 頁）綴。

【集注】

〔1〕當井：隧名。

〔2〕周勝：人名，為當井隧長。

甘露五年二月辛丑〔1〕廣地卒出入關簿　　　　　　73EJT32：50

【校釋】

「簿」張俊民（2015A）釋「名」。今按，該字圖版模糊不清，但據字形來看，其顯不為「名」字，整理者釋讀似不誤。

【集注】

〔1〕甘露五年二月辛丑：甘露，漢宣帝劉詢年號。甘露五年即黃龍元年。據徐錫祺（1997，1585 頁），黃龍元年二月癸酉朔，二十九日辛丑，為公曆公元前 49 年 4 月 12 日。

平樂〔1〕隧長鯀得□□里□延壽　　未得七月盡☑
□四年十月庚子除　　　　　　　已得□□☑　　73EJT32：53

【校釋】

「未得」「盡」「已得」原未釋，胡永鵬（2015，29 頁）、姚磊（2017D2）補釋。又「已得」下一字胡永鵬（2015，29 頁）補「賦」。今按，該字模糊不清，不能辨識，似非「賦」字，暫從整理者釋。

又姚磊（2017D4）引張俊民說認為第二行「四」前一字可作「康」。今按，補釋或可從，但該字模糊不清，不能辨識，暫從整理者釋。

【集注】

〔1〕平樂：隧名。

戍卒南陽郡杜衍□□里公乘□□□，年廿六　　☑　　73EJT32：54

出茭八束　　食候□獨居☑　　　　　　　　　73EJT32：55

【校釋】

　　未釋字葛丹丹（2019，1838 頁）釋作「騎」。今按，說或是，但該字圖版磨滅，不能確知，暫從整理者釋。

戍卒趙國襄國犂楚〔1〕里□▨　　　　　　　　　　　　　　　73EJT32：58

【校釋】

　　「犂」字原作「稈」，高一致（2016A，24 頁）釋作「犁」。今按，該字圖版作 ▨ 形，釋「犁」可信，此統一作「犂」。

【集注】

　　〔1〕犂楚：里名，屬襄國。

魯國西夷〔1〕里□▨　　　　　　　　　　　　　　　　　　73EJT32：60

【集注】

　　〔1〕西夷：當為里名。

▨年廿四　　▨　　　　　　　　　　　　　　　　　　　　73EJT32：65
▨□戍卒河東皮氏　　　　　　　　　　　　　　　　　　　73EJT32：67

戍卒魏郡厈丘廣德〔1〕里公乘張安世〔2〕，年卅　八月庚戍出　卩
　　　　　　　　　　　　　　　　　　　　　　　　　　73EJT32：74

【集注】

　　〔1〕廣德：里名，屬厈丘縣。
　　〔2〕張安世：人名，為戍卒。

肩水金關 T33

▨　皆十月壬申出　字次君　　　　　　　　　　　　　　73EJT33：6
九月餘錢六十五，其五十▨
九月餘錢百九十九，其八十▨　　　　　　　　　　　　　73EJT33：9
　　　　辛巳宿第三　▨
▨□發臾　壬午宿會水　▨
　　　　癸未宿府　　▨　　　　　　　　　　　　　　　73EJT33：11

☑□□□　十月庚戌入　　☑	73EJT33：17
四斗射日　凡直三□□　☑	73EJT33：24
☑　□	
☑□十一月辛未出	73EJT33：33
・肩水候官初元四年吏卒一歲用食度簿　　☑	73EJT33：42
■右第卅五車廿人　　☑	73EJT33：43

【校釋】

「第」黃艷萍（2016B，124 頁）、（2018，136 頁）作「弟」。今按，該字作 ![弟]
形，據字形當為「弟」。但漢簡中「第」「弟」的使用常存在混同的情況，暫從整理
者釋。

・肩水候官建昭三年年吏卒被兵簿☑	73EJT33：51+55
戍卒河東北屈〔1〕陰平〔2〕里公乘梁□□☑	73EJT33：52

【集注】

〔1〕北屈：河東郡屬縣。《漢書・地理志上》：「北屈，《禹貢》壺口山在東南，莽曰
　　朕北。」

〔2〕陰平：里名，屬北屈縣。

宛陬里〔1〕張定〔2〕，年五十、字方　車一兩，黑犗牛、齒十歲☑	
	73EJT33：59A
……☑	73EJT33：59B

【集注】

〔1〕陬里：蔣波、周世霞（2016，49 頁）：「宛陬里」應為宛縣陬里。
　　　　　今按，其說當是。陬里為里名，屬宛縣。

〔2〕張定：人名。

☑□淳于光〔1〕，年十七　　☑	73EJT33：60

【集注】

〔1〕淳于光：當為人名。

濟陰郡定陶傅里〔1〕仁帶〔2〕，年十九歲　牛一☑　　　　73EJT33：61

【集注】

〔1〕傅里：里名，屬定陶縣。

〔2〕仁帶：人名。

居延守令史公乘氾臨〔1〕，年☑　　　　73EJT33：63

【集注】

〔1〕氾臨：人名，為居延守令史。

定陶囗亭長第里〔1〕公乘靳舍〔2〕，年卅四、長七尺四寸、黑色，尉史恭〔3〕入

73EJT33：76

【校釋】

　　「第」黃艷萍（2016B，124 頁）、（2018，136 頁），姚磊（2016D7）作「弟」。今按，該字作 ![字形] 形，據字形當為「弟」。但漢簡中「第」「弟」的使用常存在混同的情況，暫從整理者釋。

【集注】

〔1〕第里：里名。

〔2〕靳舍：人名，當為亭長。

〔3〕恭：人名，為尉史。

戍卒河東蒲子〔1〕陽阿〔2〕里公乘郭得時〔3〕，年卅　字文　　☑

73EJT33：83

【集注】

〔1〕蒲子：河東郡屬縣。

〔2〕陽阿：里名，屬蒲子縣。

〔3〕郭得時：人名，為戍卒。

戍卒河東蒲子上函〔1〕里公乘謝詡〔2〕，年廿五　　　　73EJT33：84

【集注】

〔1〕上函：里名，屬蒲子縣。

〔2〕謝詡：人名，為戍卒。

淮陽陽夏中善〔1〕里姚賞〔2〕，年廿七　三月庚午出　糧簿　　　　73EJT33：85

【集注】

〔1〕中善：里名，屬陽夏縣。

〔2〕姚賞：人名。

延年〔1〕里王壽〔2〕，年卅七。輺車一乘、馬一匹　　　　　　　　　73EJT33：86

【集注】

〔1〕延年：里名。

〔2〕王壽：人名。

河南偃師都里〔1〕公乘畢彊〔2〕，年卅一　字次君。車一乘，驪牡馬一匹，齒
十二歲、高六尺二　　　　　　　　　　　　　　　　　　　　　　73EJT33：87

【集注】

〔1〕都里：里名，屬偃師縣。

〔2〕畢彊：人名。

員鮑魚〔1〕十斤　見五十頭橐敗〔2〕　少三斤給過客　　　　　　73EJT33：88

【校釋】

　　「員」字原作「負」，高一致（2016B）認為應當釋「員」，何有祖（2016D）指
出其字形與簡 73EJT37：277「司馬嬴員」之「員」形同。今按，說是。「負」通作
「員」，《廣韻・僊韻》：「負，《說文》作員，物數也。」

【集注】

〔1〕員鮑魚：何有祖（2016D）：這裏似指物質的數量。

　　　　肖從禮（2017B，278 頁）：負，亦作「員」，此指鮑魚的數量，現有五十
　　　　頭……「鮑魚」指鹽漬魚，乾魚，其氣腥臭。

　　　　王子今（2019，21 頁）：考察「鮑魚」名義，可以推知大致是經過腌製處
　　　　理的漁產收穫。現在看來，河西簡文所見「鮑魚」，仍然不能完全排除出於海
　　　　產的可能。

　　　　今按，說或是。《釋名・釋飲食》：「鮑魚。鮑，腐也。埋藏淹，使腐臭
　　　　也。」

〔2〕橐敗：肖從禮（2017B，278頁）：橐，裝魚用的麻袋……橐敗指裝魚用的麻袋破爛。因橐敗而魚漏，少了三斤。

今按，說或是。

大婢倩〔1〕，年十八　　　　　　　　　　　　　　　　　　　　73EJT33：90

【集注】

〔1〕倩：人名，為大婢。

南陽郡西鄂城南〔1〕里公乘吳志〔2〕，年廿八、長七尺二寸、黑色　字子平　Ｊ

73EJT33：91

【集注】

〔1〕城南：里名，屬西鄂縣。

〔2〕吳志：人名。

肩水金關 T34

　　　　其一匹，騮牡、齒十四歲、高六尺二寸

馬二匹

　　　　一匹，驪駮牡、齒□□、高五尺八寸　　　　　　73EJT34：5

代郡〔1〕代〔2〕乘里〔3〕公乘趙得〔4〕，年卅九、長七尺五寸·　　軺車☑

73EJT34：7

【集注】

〔1〕代郡：《漢書·地理志下》：「代郡，秦置。莽曰厭狄。有五原關、常山關。屬幽州。」

〔2〕代：代郡屬縣。《漢書·地理志下》：「代，莽曰厭狄亭。」

〔3〕乘里：里名，屬代縣。

〔4〕趙得：人名。

居延佐廣都〔1〕里公乘泠雲〔2〕，年卅　　☑　　　　　　　73EJT34：8

【集注】

〔1〕廣都：里名。

〔2〕冷雲：人名，為居延佐。

二直四千三百肩☑　　　　　　　　　　　　　　73EJT34：10

☑付鑠得守令史俠憙〔1〕，食傳馬，為刺史柱〔2〕　　73EJT34：12

【集注】

〔1〕俠憙：人名，為鑠得守令史。

〔2〕柱：當通「駐」，義為駐紮、駐守。

☑長七尺二寸、黑色　　☑　　　　　　　　　　　73EJT34：13

戍卒河東蒲子好宜〔1〕里公乘藥憙〔2〕，年廿四　　☑　73EJT34：16

【集注】

〔1〕好宜：里名，屬蒲子縣。

〔2〕藥憙：人名，為戍卒。

☑年廿八　長七尺四寸、黑色　　☑　　　　　　73EJT34：18

☑以稟彊漢〔1〕隧長☑　　　　　　　　　　　　73EJT34：19

【集注】

〔1〕彊漢：隧名。

出糜一石八斗三升丿☑　　　　　　　　　　　73EJT34：20

出糜二石　食□☑　　　　　　　　　　　　　73EJT34：22A

……☑　　　　　　　　　　　　　　　　　　73EJT34：22B

☑　食馴望〔1〕隧長□☑　　　　　　　　　　73EJT34：23

【集注】

〔1〕馴望：隧名。

☑候官黃龍元年二月吏卒簿　　☑　　　　　　　　　　　　　73EJT34：30

☑□史陽廿五石　　孫子功〔1〕三石　簿米五十石
☑□□十二石五斗　焦□□□
☑□□卿二石　　　　□□　　　　　　　　　　　　　73EJT34：31A+35A
☑　　　□□□十五
☑　　　□□□常□　承承
☑□　……　　　　　　　　　　　　　　　　　　　73EJT34：31B+35B

【校釋】

　　A面第二行「焦」字圖版作█形，或當是「侯」字。

【集注】

〔1〕孫子功：人名。

☑五十□　☑
☑□五十　☑　　　　　　　　　　　　　　　　　　73EJT34：32
☑□年廿三、長七尺五寸、黑色　十二月庚寅入　十一月丁☑　73EJT34：33
☑劍一、楯一　十月己丑入　六月癸卯出　　　　　　73EJT34：36
☑黑色　☑　　　　　　　　　　　　　　　　　　　73EJT34：37
☑……劍一　　　　　　　　　　　　　　　　　　　73EJT34：42
練六尺丿　□□☑
皁一尺丿　十☑　　　　　　　　　　　　　　　　　73EJT34：46

☑□九月奉　九月甲戌，禽寇〔1〕隧長武彊〔2〕取　　73EJT34：48

【集注】

〔1〕禽寇：隧名。

〔2〕武彊：人名，為禽寇隧長。

☑……年十一　黑色　□□十月□□入　　　　　　　73EJT34：50

肩水金關 T35

轢得安邑〔1〕里公乘張褒〔2〕，年卅七歲、字子嚴　乘方箱車，駕騢牡馬、齒
八歲　三月丙戌，南，兼亭長欽〔3〕入　　　　　　　　　73EJT35：4

【集注】

〔1〕安邑：里名，屬轢得縣

〔2〕張褒：人名。

〔3〕欽：人名，為兼亭長。

河南卷〔1〕長里〔2〕大夫張傴〔3〕，年廿五、丈七尺二寸、黑色　刀一　十月
壬……　　　　　　　　　　　　　　　　　　　　　　　73EJT35：5

【校釋】

　　「丈」韓鵬飛（2019，1597頁）認為是「長」的誤書。今按，說是。該字作 ![手]
形，當為「長」字書誤。

【集注】

〔1〕卷：河南郡屬縣。

〔2〕長里：里名，屬卷縣。

〔3〕張傴：人名。

☑車牛二兩　十二月丁酉出　　　　　　　　　　　　　　73EJT35：10

河南郡雒陽東鞏〔1〕里朱多牛〔2〕☑　　　　　　　　　73EJT35：11

【集注】

〔1〕東鞏：里名，屬雒陽縣。

〔2〕朱多牛：人名。

大奴宜〔1〕　　……廿☑　　　　　　　　　　　　　　　73EJT35：12

【集注】

〔1〕宜：人名，為大奴。

☑□兵簿　　☑　　　　　　　　　　　　　　　　　　　73EJT35：14

☑　承弦一☑

☑　枭長弦☑

☑　櫜矢□☑　　　　　　　　　　　　　　　　　　　73EJT35：15

【校釋】

　　　第二行「枭」字高一致（2016B）釋「吳」。今按，該字圖版作⬛形，似非「吳」字，整理者釋讀不誤。

肩水金關 T37

肩水候官令史趙彭〔1〕　十一月甲辰□☑　　　　　　　73EJT37：2+572

【校釋】

　　　謝坤（2016F）、（2016I，245 頁）綴。

【集注】

　　〔1〕趙彭：人名，為候官令史。

☑歲、高五尺七寸　十二月戊寅，北，嗇夫豐〔1〕出　　73EJT37：3A

☑　出入　　　　　　　　　　　　　　　　　　　　　73EJT37：3B

【校釋】

　　　B 面「出入」原未釋，姚磊（2016A2）補釋。

【集注】

　　〔1〕豐：人名，為關嗇夫。

☑觻得成漢〔1〕里吳捐之〔2〕等十六人　　　　　　　　73EJT37：6

【集注】

　　〔1〕成漢：里名，屬觻得縣。

　　〔2〕吳捐之：人名。

□寇隧卒謝賢〔1〕　四石弩　☑　　　　　　　　　　　73EJT37：10

【集注】

　　〔1〕謝賢：人名，為戍卒。

南陽宛北當陽〔1〕里公乘范有〔2〕，年卅、長七尺二寸、黑色　牛車一兩　✓

73EJT37：1444+12

【校釋】

姚磊（2016C8）綴。

【集注】

〔1〕北當陽：當為里名，屬宛縣。

〔2〕范有：人名。

■右十月傳　　☑　　　　　　　　　　　　　　73EJT37：13A

■右十月傳　　✓☑　　　　　　　　　　　　　73EJT37：13B

田卒河南郡密邑〔1〕西游□□年廿七　　☑　　73EJT37：14

【校釋】

「廿七」姚磊（2018A1）、（2018E，207 頁）認為當存疑不釋。今按，姚說可從，簡末文字殘缺，不可辨識。

【集注】

〔1〕密邑：據《漢書·地理志》，河南郡有密縣。據簡文則其曾為邑。

先就〔1〕隧卒龐毋害〔2〕　　☑　　　　　　73EJT37：15

【集注】

〔1〕先就：隧名。

〔2〕龐毋害：人名，為戍卒。

☑食虜下〔1〕隧卒趙建〔2〕，十二月五日劇食　73EJT37：16

【集注】

〔1〕虜下：隧名。

〔2〕趙建：人名，為戍卒。

☑□長五尺二寸、黑色，輺車一乘、馬一匹□☑　73EJT37：17

大奴宗〔1〕，年卅八　　乀　長七尺五寸、黑　☑　73EJT37：19

【集注】

〔1〕宗：人名，為大奴。

☑更左戎〔1〕，年廿五　兄子☐樂里左襃〔2〕，年十七

軺車一乘，二月乙卯出（上）

馬一匹，騮牡、齒七歲、高五尺一寸（下）　　　　　　73EJT37：1242+20

【校釋】

姚磊（2017F4）綴。

【集注】

〔1〕左戎：人名。

〔2〕左襃：人名，為左戎兄的兒子。

☐田同城寇軍望宛〔1〕里公乘蔡放〔2〕，年卅三，河　九月☑　73EJT37：25

【集注】

〔1〕望宛：當為里名。

〔2〕蔡放：人名。

　　　　　　葆居延當遂〔2〕里男子張武〔3〕

居延令史薛宣〔1〕

　　　　　　軺車一乘、馬一匹（上）

十月壬午，北，嗇夫豐〔4〕出（下）　　　　　　73EJT37：32+311

【校釋】

單印飛（2016）綴。

【集注】

〔1〕薛宣：人名，為居延令史。

〔1〕當遂：里名。

〔2〕張武：人名。

〔4〕豐：人名，為關嗇夫。

居延游徼左雲〔1〕　　馬一匹，驪牝、齒☑　　　　　　　　　　73EJT37：34

【校釋】

　　「左」字高一致（2016B）釋「在」。今按，該字圖版作 ![字形] 形，從字形來看，似可為「在」字，但漢簡中「在」和「左」往往形同，僅從字形不能分辨開來，暫從整理者釋。

【集注】

〔1〕左雲：人名，為居延游徼。

肩水橐他候長勇士〔1〕隧長□□孫宏〔2〕　　肩水都尉君司馬莊〔3〕行丞事，以
詔書增宏勞〔4〕十二月廿四日　　　　　　　　　　　　　　73EJT37：850+35

【校釋】

　　姚磊（2016K，231頁）綴。

【集注】

〔1〕勇士：隧名。

〔2〕孫宏：人名。

〔3〕君司馬莊：姚磊（2016K，231頁）：「君司馬」當是「郡司馬」，書手存在簡
　　　省。

　　　　　今按，其說或是。亦或君是敬稱，都尉君是對都尉的尊稱。

〔4〕以詔書增宏勞：姚磊（2016K，231頁）：我們懷疑簡文「詔書增」三字後也存
　　　在簡省的情況……也即「丞」是「秩六百石」，郡司馬莊已「行丞事」，似存在
　　　增其秩的可能。

　　　　　今按，簡文「以詔書增宏勞」是說按照詔書增加宏的功勞，並非有簡
　　　省。

居延左部守游徼肩水里士伍張武〔1〕，年五十六　　十一月庚子，候史丹〔2〕入
（上）
軺車一乘
用馬一匹，驪牝、齒七歲、高三尺八寸（下）　　　　　　　73EJT37：701+36

【校釋】

　　謝坤（2017A，70頁）綴。

【集注】

〔1〕張武：人名，為居延左部守游徼。

〔2〕丹：人名，為候史。

☑　　　……

☑七音　子小男兼〔1〕，年十一歲

☑……　　　　　　　　　　　牛車一兩✓　　　　　　73EJT37：37

【集注】

〔1〕兼：人名。

☑□□□□大男張齊〔1〕　✓　　　　　　　　　　73EJT37：40

【集注】

〔1〕張齊：人名。

☑車一兩

☑用牛二頭　　　　　　　　　　　　　　　　　　　73EJT37：42

雍臨市〔1〕里張年五十二　八月辛亥出　　　73EJT37：43+1485

【校釋】

姚磊（2016K，235 頁）綴。「雍」字原作「雛」，高一致（2016C）釋，該字高一致（2016B）釋「緱」，似非。

【集注】

〔1〕臨市：里名。

北界〔1〕隧卒李初〔2〕　　☑　　　　　　　73EJT37：45

【集注】

〔1〕北界：隧名。

〔2〕李初：人名，為戍卒。

☑　第豐，年廿八　✓　八月乙亥，北出　　　73EJT37：50

【校釋】

　　姚磊（2019E3）綴合簡 73EJT37：621 和該簡。今按，兩簡茬口似不能密合，拼合後無法復原「刀」字，或不可綴合。

揹次安昌〔1〕里簪裊王租〔2〕，年十八　　三月辛巳，北出　　73EJT37：51+203

【校釋】

　　謝坤（2016G）、（2016I，242 頁）綴。

【集注】

〔1〕安昌：里名，屬揹次縣。

〔2〕王租：人名。

從者玉門臨泉〔1〕里程不識〔2〕，年卅五　　輜車三乘

　　　　　　　　　　　　用馬六匹　閏月辛卯，北出

　　　　　　　　　　　　　　　　　　73EJT37：53

【集注】

〔1〕臨泉：里名，屬玉門縣。

〔2〕程不識：人名，為從者。

樂得步利〔1〕里孔德〔2〕，年六十二　　長七尺二寸、黑色　車一兩、牛二頭　七月乙亥入　刀　　　　　　　　　73EJT37：357+58

【校釋】

　　謝坤（2016D）、（2018，132 頁）綴。

【集注】

〔1〕步利：里名，屬樂得縣。

〔2〕孔德：人名。

平陵宜利〔1〕里公乘韓則〔2〕，年卅五　　輜車一乘、馬一匹　字子師　皆十二月己酉入　　　　　　　　　73EJT37：107+60

【校釋】

　　姚磊（2016F2）綴。

【集注】

〔1〕宜利：里名，屬平陵縣。

〔2〕韓則：人名。

勝之〔1〕隧卒郭禹〔2〕　　・☑　　　　　　　　　　73EJT37：62

【集注】

〔1〕勝之：隧名。

〔2〕郭禹：人名，為戍卒。

☑□解爵　　☑　　　　　　　　　　　　　　　　73EJT37：63

河南郡緱氏縣東昌〔1〕里大夫杜葆〔2〕，年卅五　以九月出☑　73EJT37：64

【集注】

〔1〕東昌：里名，屬緱氏縣。

〔2〕杜葆：人名。

☑七尺二寸、黑色　五月丁亥出　　　　　　　　　73EJT37：65

☑里公乘董資〔1〕，年卅六　長七尺二寸　　丿　　73EJT37：66

【集注】

〔1〕董資：人名。

　　　　　葆西鄉成漢〔1〕里公乘張望〔2〕，年卅　　　車三兩
☑年廿五
　　　　　葆同縣敬老〔3〕里公乘侯歆〔4〕，年五十　牛□頭　73EJT37：69

【集注】

〔1〕成漢：里名。

〔2〕張望：人名。

〔3〕敬老：里名。

〔4〕侯歆：人名。

觻得關亭〔1〕里公乘未央〔2〕，年□、長七尺三寸、黑色……

十月壬□入

元康三年八月辛酉朔□□□□□□□□□□□□　　　　73EJT37：70A

十六　　　　　　　　　　　　　　　　　　　　　　　73EJT37：70B

【校釋】

　　A面第二行「壬□」許名瑲（2016G）、（2017A，107頁）補作「壬戌」，第三行「朔」字下日干支釋作「乙亥」。今按，補釋可從，但簡文殘斷，所釋字多不能辨識，暫從整理者釋。

【集注】

〔1〕關亭：里名，屬觻得縣。

〔2〕未央：人名。

☑□□□唐□，年十二、黑色、長五尺　　丿　　　　　　73EJT37：71

【校釋】

　　「唐□」韓鵬飛（2019，1602頁）作「唐遣」。今按，說或是。但所釋字較為模糊，不能確知，暫從整理者釋。

田卒濟郡定陶虞里〔1〕大夫戴充〔2〕，年卅七　長七尺二寸、黑色　有罪　丿

73EJT37：76

【校釋】

　　「濟」字下尉侯凱（2016D）、（2017A，35頁）認為當漏寫「陰」字。今按，說是，當為原簡書寫時脫漏。

【集注】

〔1〕虞里：里名，屬定陶縣。

〔2〕戴充：人名，為田卒。

河南郡河南平樂〔1〕公乘史屮〔2〕，年五十七歲　　　　　73EJT37：77

【校釋】

　　「屮」高一致（2016B）釋作「申」。今按，該字作 屮 形，右部略殘，但可看出其非「申」字，整理者釋讀當不誤。

【集注】

〔1〕平樂：里名，屬河南縣。

〔2〕史凸：人名。

河南郡滎陽西都〔1〕里公乘陰讓〔2〕，年十六、長七尺二寸、黑　以九月出

73EJT37：78

【集注】

〔1〕西都：里名，屬滎陽縣。

〔2〕陰讓：人名。

觻得平利〔1〕里公乘趙婢〔2〕，年卅六、長七尺四寸、黑色　車一兩　十（上）
十二月戊寅出

弓一、矢卅（下）　　　　　　　　　　　　　　　　　73EJT37：79

　　　　　十☐

☐車一兩

　　　　弓一、矢廿☐　　　　　　　　　　　　　　　73EJT37：652

觻得廣德〔3〕里公乘石汜可〔4〕，年五十八、長七尺五寸、黑色　車一兩　十
二月戊寅出　　　　　　　　　　　　　　　　　　　73EJT37：742

觻得新成〔5〕里公乘王利〔6〕，年卅二、長七尺二寸、黑色、牛車一兩（上）
十二月戊寅出

弩一、矢五十（下）　　　　　　　　　　　　　　　73EJT37：1583

【校釋】

　　　以上四簡姚磊（2017D7，211頁）認為屬同一冊書，當可編連。今按，說是，
上述四簡形制、字體筆迹等一致，內容相關，當屬同一簡冊。

【集注】

〔1〕平利：里名，屬觻得縣。

〔2〕趙婢：人名。

〔3〕廣德：里名，屬觻得縣。

〔4〕石汜可：人名。

〔5〕新成：里名，屬觻得縣。

〔6〕王利：人名。

居延都尉卒史朱賢〔1〕，年五十三　輜車一乘、用馬二匹（上）
一匹□□高五尺、齒七歲
二月丙戌，北出
一匹驪牡、齒十歲、高五尺七寸（下）　　　　　　　　　73EJT37：80

【集注】

〔1〕朱賢：人名，為居延都尉卒史。

橐佗卻適〔1〕隧長孟寂〔2〕妻忿〔3〕，年五十八歲、黑色　男孫武〔4〕　牛車一
兩（上）
十二月壬午出
十二月　」（下）　　　　　　　　　　　　　　　　　　73EJT37：81

【校釋】

　　「卻」原作「却」，「寂」原作「冣」。該兩字分別作 ![字形]、![字形] 形，當釋「卻」
「寂」。

【集注】

〔1〕卻適：隧名。
〔2〕孟寂：人名，為卻適隧長。
〔3〕忿：人名，為孟寂妻。
〔4〕孫武：人名。

廣漢〔1〕隧長張霸〔2〕　送佐胡敞〔3〕、候史蘇章〔4〕詣府　五月八日入
　　　　　　　　　　　　　　　　　　　　　　　　　　73EJT37：82

【集注】

〔1〕廣漢：隧名。
〔2〕張霸：人名，為廣漢隧長。
〔3〕胡敞：人名，為佐。
〔4〕蘇章：人名，為候史。

平樂〔1〕隧長毛武〔2〕　葆子男鰥得敬老〔3〕里公乘毛良〔4〕，年廿三」　出入
（上）
三月癸丑，北出

三月癸酉，南入（下）　　　　　　　　　　　　　73EJT37：83

【集注】

〔1〕平樂：隧名。

〔2〕毛武：人名，為平樂隧長。

〔3〕敬老：里名。

〔4〕毛良：人名，為毛武兒子。

女子張齋〔1〕，年五十　　☑　　　　　　　　　73EJT37：92

【集注】

〔1〕張齋：人名。

北部候長興〔1〕　　吏八人　　主牛　　　　　　73EJT37：93

西部候長元〔2〕　　吏三人　　主□　　☑　　　73EJT37：115

【校釋】

　　以上兩簡姚磊（2017D7，212 頁）認為屬同一冊書，當可編連。今按，說是，兩簡形制、字體筆迹等一致，內容相關，當屬同一簡冊。

【集注】

〔1〕興：人名，為北部候長。

〔2〕元：人名，為西部候長。

□□□□臨利里□□　　正月壬寅入　　　　　　73EJT37：94

【校釋】

　　簡首未釋字姚磊（2016A2）補「戌」，「臨」字高一致（2016B）認為應闕疑。今按，說或可從，但簡文殘泐，字多不可辨識，暫從整理者釋。

完城旦徒樂官〔1〕　　丿　　九月辛酉，北出　　73EJT37：95

【校釋】

　　「官」字何有祖（2016D）釋「向」，高一致（2016B）認為當從原作釋「官」。今按，該字圖版作 ▨ 形，為漢簡「官」字常見寫法，釋「向」非，整理者釋讀不誤。

【集注】

〔1〕樂官：人名，為完城旦。

萬福〔1〕隧　負一分半分　　　☑　　　　　　　　73EJT37：98

【集注】

〔1〕萬福：隧名。

戍卒趙國柏人廣樂〔1〕里公乘耿迎〔2〕，年卅五　　☑　　　73EJT37：99

【集注】

〔1〕廣樂：里名，屬柏人縣。

〔2〕耿迎：人名，為戍卒。

廿四日己卯，食君游〔1〕所，因宿☑　　　　　　　73EJT37：565

【校釋】

「廿」原作「十」，姚磊（2017D7，215 頁）釋。

廿五日庚戌，食張君所，因宿　出十五葵十束　廿五日己卯，發宿貧民渠口

　　　　　　　　　　　　　　　　　　　　　73EJT37：263+100

【校釋】

許名瑲（2016B）、（2017A，96 頁）綴。

廿六日辛亥，食張君游所，宿洴上　廿六日庚辰，發宿貧民落（上）

出四買餎〔2〕

眾人共貸其餘（下）　　　　　　　　　　　　73EJT37：356+150

【校釋】

顏世鉉（2016C）綴。「所」原作「行」，姚磊（2017D7，216 頁）從黃浩波說釋。

　　　　　　　　　　　　　　出五十□一具

廿六日癸巳，食張君游所，因宿　出卅□六封

　　　　　　　　　　　　　　出十九□一□（上）

十八日癸卯，食張君游所，因宿　出十發出□　十八日壬申風，不行（下）

　　　　　　　　　　　　　　　　　　　　　　　　　73EJT37：980

【校釋】

　　「廿六日癸巳」的「癸」字，許名瑲（2016F）、（2016G）、（2017A，106 頁）認為字迹模糊不清。若為「廿六日辛巳」，則該月丙辰朔；與中段十八日癸卯，該月丙戌朔；下段十八日壬申，該月乙卯朔，三者協洽，屬建平二年（前 5）。姚磊（2017D7，216 頁）從許說改釋作「廿六日辛巳」。今按，「癸巳」的「癸」字圖版作 形，雖然比較模糊，但似非「辛」字。暫從整理者釋。

　　又以上四簡許名瑲（2016F）、（2016G）、（2017A，96～106 頁）認為當為同類相關之散簡。姚磊（2017D7，216～218 頁）認為屬同一簡冊，可編連。編連順序為565～980～263+100～356+150。編連後形成一個相對完整的遊行記錄，時間長達三月之久，人數可能較多（簡文作「眾人」），扼要記載了他們的住宿、花費等情況。今按，諸說是。以上四簡形制、字體筆迹等一致，內容相關，當屬同一簡冊，可編連。

　　又關於該簡冊所屬年份，許名瑲（2016F）、（2016G）、（2017A，106 頁）據73EJT37：565 簡「十四日己卯」，推擬為成帝綏和二年（前 7），八月丙寅朔。而許名瑲（2016F）、（2017A，105 頁）推擬本簡冊屬哀帝建平二年（前 5）。建平二年七月丙戌朔，八月乙卯朔。姚磊（2017D7，216～218 頁）認為同一事件，不可能出現二年同時存在的情況。「綏和二年」之說，是許先生依據「十四日」而非「廿四日」推測得出，固可廢止。「建平二年」是可能性之一，從 T37 肩水金關漢簡常出現的年號看，其他如地節三年（前 67）、五鳳元年（前 57）、初元三年（前 46）、永始二年（前 15）等似乎亦無法排除。今按，姚說是。

【集注】

〔1〕君游：人名，即下文張君游。

〔2〕飷：即餅。《集韻·洽韻》：「飷，餅也。」

昭武長壽〔1〕里□□，年廿、黑色　☑　　　　　　　　　　73EJT37：101

【集注】

〔1〕長壽：里名，屬長壽縣。

氐池千秋〔1〕里大女樂止〔2〕，年十一　☑　　　　　　　73EJT37：102

【集注】

〔1〕千秋：里名，屬氐池縣。

〔2〕樂止：人名。

橐他令史觻得持心〔1〕里公乘呂鳳〔2〕，年廿七　　☑　　　　　73EJT37：103

【校釋】

「鳳」高一致（2016B）釋「風」。今按，該字作 風 形，似非「風」字。

【集注】

〔1〕持心：里名，屬觻得縣。

〔2〕呂鳳：人名，為橐他令史。

第男則，年廿六　　☑　　　　　　　　　　　73EJT37：104

都內長觌漢成〔1〕里大夫吳輔〔2〕，年卅八、長七尺二寸、黑色　十月戊寅入

軺車一乘，弓一、矢五☑　　　　　　　　　73EJT37：105+791

【校釋】

姚磊（2016B4）綴。第一行「觌」字作 觌 形，恐非觌字。或當存疑。

【集注】

〔1〕漢成：里名。

〔2〕吳輔：人名。

☑□普，年卅七　　為家私市居延　　　　　　73EJT37：106

觻得千秋〔1〕里不更李齎〔2〕，年卅二、長七尺二寸、黑色、牛車一兩☑

　　　　　　　　　　　　　　　　　73EJT37：1224+108

【校釋】

姚磊（2016A6）、（2017K，163 頁）綴。

【集注】

〔1〕千秋：里名，屬觻得縣。

〔2〕李齎：人名。

☑觻得萬金〔1〕里簪王殷〔2〕，年卅、長七尺☑　　　　　　　73EJT37：110

【校釋】

尉侯凱（2016D）、（2017A，35頁）認為「簪」下當漏寫「裏」字。今按，說是，當為原簡書寫時脫漏。

【集注】

〔1〕萬金：里名，屬觻得縣。

〔2〕王殷：人名。

昭武都田嗇夫居延長樂〔1〕里石襃〔2〕　馬一匹　　☑　　73EJT37：1523+111

【校釋】

姚磊（2016K，233頁）綴。且其認為簡73EJT37：765與該簡可能是正本與副本的關係，推測該簡由於是副本才被損壞，綴合後方復原其內容。今按，其說或是。

【集注】

〔1〕長樂：里名，屬居延縣。

〔2〕石襃：人名，為昭武都田嗇夫。

駅北亭戍卒觻得定國〔1〕里公乘莊憙〔2〕，年廿七　行書橐他界中　盡五月二月止　　　　　　　　　　　　　　　　　　　　　　　73EJT37：631+113

【校釋】

姚磊（2016B2）綴。

禁姦隧戍卒觻得悉意〔3〕里公乘王鳳〔4〕，年五十，行書橐他界中　盡五年二月止　　　　　　　　　　　　　　　　　　　　　　73EJT37：628+658

【校釋】

謝坤（2016E）、（2018，133頁）綴。又以上兩簡姚磊（2017D7，219頁）認為屬同一簡冊，可編連。簡73EJT37：631+113「盡五月二月止」的前一個「月」為年字誤書。今按，其說是，兩簡形制、字體筆迹等一致，內容相關，當屬同一簡冊。

【集注】

〔1〕定國：里名，屬觻得縣。

〔2〕莊憙：人名，為戍卒。

〔3〕悉意：里名，屬觻得縣。

〔4〕王鳳：人名，為戍卒。

●右第三十人　　☑　　　　　　　　　　　　　73EJT37：114

·右第七十人　　☑　　　　　　　　　　　　　73EJT37：1012

【校釋】

　　上兩簡姚磊（2017D7，214頁）認為屬同一簡冊，可編連。今按，說是，兩簡形制、字體筆迹等一致，內容相關，當原屬同一簡冊。

☑□西里公乘李忠〔1〕，年卌七　　☑　　　　　　73EJT37：116

【集注】

〔1〕李忠：人名。

臨澤〔1〕隧卒陳後〔2〕　　☑　　　　　　　　　73EJT37：117

【集注】

〔1〕臨澤：隧名。

〔2〕陳後：人名，為戍卒。

戍卒昭武對市〔1〕里簪裊賈音〔2〕，年廿　　☑　　　73EJT37：118

【集注】

〔1〕對市：里名，屬昭武縣。

〔2〕賈音：人名，為戍卒。

出錢八百七十　　丿以給庫嗇夫馬始昌〔1〕七月奉食　☑　73EJT37：120+333

【校釋】

　　姚磊（2016B3）綴。

【集注】

〔1〕馬始昌：人名，為庫嗇夫。

☑　　方相車一乘　　□□□　　　　　　　　　　73EJT37：123

□□樂，年卅三　　☑　　　　　　　　　　　　　　　　73EJT37：125

淮陽國戍卒苦會里〔1〕官□☑　　　　　　　　　　　　73EJT37：126

【集注】

〔1〕會里：里名，屬苦縣。

☑　用牛一頭　　∫　　　　　　　　　　　　　　　　73EJT37：127
☑歲、長七尺二寸　∫　　　　　　　　　　　　　　　73EJT37：128

都倉置佐程譚〔1〕　葆屋蘭大昌〔2〕里趙勤〔3〕，年卅八　十二月癸亥，北，
嗇夫豐〔4〕出，已入　　　　　　　　　　　　　　　　73EJT37：129

【集注】

〔1〕程譚：人名，為都倉置佐。

〔2〕大昌：里名，屬屋蘭縣。

〔3〕趙勤：人名。

〔4〕豐：人名，為關嗇夫。

☑∫　∫　給逆寇〔1〕隧長任尚正〔2〕，十五日盡二月奉　　73EJT37：130

【校釋】

「逆」原作「送」，郭偉濤（2019，63）作「逆」。今按，該字作 ![逆]形，當為
「逆」字。

【集注】

〔1〕逆寇：隧名。

〔2〕任尚正：人名，為隧長。

☑　五月戊寅，食都倉傳馬送□部丞，付置佐魯卿　　　73EJT37：131

將車河南絢氏薪里〔1〕大夫李我〔2〕，年廿七、長七尺二寸、黑色　牛☑
　　　　　　　　　　　　　　　　　　　　　　　　73EJT37：132

　　　　　　　　　　　魚三千頭
將車河南雒陽直里〔3〕公乘董賢〔4〕，年五十五、長七尺二寸、黑☑
　　　　　　　　　　　　□□二□　　　　　　　　73EJT37：830

將車河南營陽新安〔5〕里不更龍眉〔6〕，年卅三、長七尺二寸、黑色（上）
魚四百頭
槀卅五□□　　牛車一兩，弓一、矢五十刂
出□□五十四　　卅四……入（下）　　　　　　　73EJT37：1006

【校釋】

　　以上三簡姚磊（2017D7，209 頁）認為屬同一冊書，當可編連。今按，姚說是，三簡形制、字體筆迹等一致，內容相關，當屬同一簡冊。

【集注】

〔1〕薪里：里名，屬緱氏縣。

〔2〕李我：人名。

〔3〕直里：里名，屬雒陽縣。

〔4〕董賢：人名。

〔5〕新安：里名，屬滎陽縣，營通滎。

〔6〕龍眉：人名。

槀他守尉延陵循〔1〕　　葆從者居延西道〔2〕里賈良〔3〕，年十四　三月戊辰，
南，嗇夫豐〔4〕入　　　　　　　　　　　　　　73EJT37：135+133

【校釋】

　　伊強（2016A）綴。

【集注】

〔1〕延陵循：人名，為槀他守尉。

〔2〕西道：里名，屬居延縣。

〔3〕嘉良：人名，為從者。

〔4〕豐：人名，為關嗇夫。

槀他候長觻得安漢〔1〕里公乘任由〔2〕，年卅四　對府　十月己酉入　　☑
　　　　　　　　　　　　　　　　　　　　　　73EJT37：862+136

【校釋】

　　姚磊（2017H9，275 頁）綴。

【集注】

〔1〕安漢：里名，屬觻得縣。

〔2〕任由：人名，為候長。

☑　六月乙卯出　　　　　　　　　　　　　　　　　73EJT37：137

☑　已出入　　　　　　　　　　　　　　　　　　　73EJT37：138

【校釋】

　　姚磊（2019E1）綴合簡 73EJT37：242 和該簡。今按，兩簡茬口均較齊整，又簡文內容漢簡中普遍存在，因此兩簡的綴合尚缺其他證據的支持。

祿福　　☑　　　　　　　　　　　　　　　　　　　73EJT37：141

☑　馬一匹，皆月四☐☑　　　　　　　　　　　　　73EJT37：149

　　　　　　　　　　凡五十四人　　牛車二兩

●寂居延司馬從君輩　　輺車廿三乘　　十一月丙辰出

　　　　　　　　　　馬廿七匹　　　　　　　　　　73EJT37：153+269

【校釋】

　　姚磊（2020B，117 頁）綴。「寂」原作「冣」，該字作 形，當為寂，寂即最。

子女……　　牛車一兩……　　☑

子女姍〔1〕，年四　　☑

子公士隆〔2〕，年　　☑　　　　　　　　　　　　73EJT37：154

【集注】

〔1〕姍：人名。

〔2〕隆：人名。

☑金城〔1〕里寇戎〔2〕，年十八

☑……　　　　　　　　　　　　　　　　　　　　73EJT37：155

【集注】

〔1〕金城：里名。

〔2〕寇戎：人名。

癸酉出

☑黑色　牛車一兩，弩一、矢五十

　　十月己卯　　　步入　　　　　　　　　　　　73EJT37：159

☑子小男良〔1〕，年三　收責橐他界中　　　　　73EJT37：166

【集注】

〔1〕良：人名。

☑積二人，人一食，北　　　　　　　　　　　　73EJT37：167

☑平陵義成〔1〕里朱況〔2〕，年卅、字子舉☑　　73EJT37：170

【校釋】

　　姚磊（2017M，187頁）綴合該簡和簡73EJT37：365。今按，兩簡似可綴合，但尚存可疑之處。兩簡茬口並不十分密合，該簡文字緊湊而簡73EJT37：365文字較疏鬆，其或不可綴合。

【集注】

〔1〕義成：里名，屬平陵縣。

〔2〕朱況：人名。

☑　四月庚辰出☑　　　　　　　　　　　　　　73EJT37：171

居延丞從史青　　☑　　　　　　　　　　　　　73EJT37：184

☑□□□□□　元延四年二月甲戌〔1〕除　　　73EJT37：185

【集注】

〔1〕元延四年二月甲戌：元延，漢成帝劉驁年號。據徐錫祺（1997，1665頁），元延四年二月辛亥朔，二十四日甲戌，為公曆公元前9年4月15日。

觻得宜樂〔1〕里楊猛〔2〕，年卅、字君公　作者同縣壽貴〔3〕里男子侯並〔4〕，

年廿五　　☑　　　　　　　　　　　　　　　　73EJT37：1027+186

【校釋】

　　姚磊（2017H9，276頁）、（2018E，17頁）綴。

【集注】

〔1〕宜樂：里名，屬觻得縣。

〔2〕楊猛：人名。

〔3〕壽貴：里名，屬觻得縣。

〔4〕侯並：人名。

☑車一兩、牛二頭　□☑　　　　　　　　　　　73EJT37：187

□□游□……黑色、年卅八、長七尺二寸☑　　　73EJT37：189

雒陽□里錡晏〔1〕，年卅七　乘大車☑　　　　73EJT37：190

【集注】

〔1〕錡晏：人名。

☑　大車一兩　丿　用牛一、黑犗、齒八　　　　73EJT37：192

☑　牛車一兩

　　　　　　　　　二月己酉出

☑　弩一、矢五十　　　　　　　　　　　　　　73EJT37：193

☑　給始安〔1〕隧長趙禹〔2〕七月奉　☑　　73EJT37：194

【集注】

〔1〕始安：隧名。

〔2〕趙禹：人名，為始安隧長。

☑　軺車一乘　☑

☑　馬一匹　☑　　　　　　　　　　　　　　　73EJT37：196

☑□□長四尺五尺

☑二、牛六頭　　　　　　　　　　　　　　　　73EJT37：198

【校釋】

　　第一行末釋第二字秦鳳鶴（2018B，530頁）補釋作「秩」。今按，該字圖版作
形，釋「秩」於字形及文義均有未安，當存疑。

☑齒五歲　六尺一寸〕　　　　　　　　　　　　　　　73EJT37：200

居延都尉從史平樂〔1〕里公乘彭賜之〔2〕，年□☑　　73EJT37：207+867

【校釋】

　　姚磊（2016E2）綴。

【集注】

〔1〕平樂：里名。

〔2〕彭賜之：人名，為居延都尉從史。

☑車一乘、馬二匹　　　　　　　　　　　　　　　　　73EJT37：208

橐他殄虜〔1〕隧☑　　　　　　　　　　　　　　　　73EJT37：216

【集注】

〔1〕殄虜：隧名。

　　　　　　　　　其十三☑
☑□□凡吏□□人
　　　　　　　　　卅三☑　　　　　　　　　　　　73EJT37：218
☑六尺　十☑　　　　　　　　　　　　　　　　　　73EJT37：221
☑□餔食入　　☑　　　　　　　　　　　　　　　　73EJT37：222

戍卒隱強〔1〕廣里〔2〕公乘涼臨〔3〕，年廿五　已出　〕☑　73EJT37：224

【校釋】

　　「已出」姚磊（2016A2）、（2018E，198 頁）認為是「卩」上另畫了兩道線，
起鈎校符的作用。今按，此種寫法金關漢簡屢見，整理者均釋作「已出」，據文義來
看，釋「已出」當不誤。

【集注】

〔1〕隱強：趙爾陽（2016C）：此字漢代的寫法或為「灊」，後來漸漸訛變為「灊」
　　　和「潎」，其地名源自附近的灊水，今本《漢志》當是後人竄改致誤。金關簡
　　　中的「隱強」應為「灊強」的俗寫。
　　　　　今按，其說或是。隱強《漢書・地理志》作灊強，汝南郡屬縣。

〔2〕廣里：里名，屬隱強縣。

〔3〕涼臨：人名，為戍卒。

充漢〔1〕葆屋蘭千秋〔2〕里蘇仁〔3〕，年十五☑   73EJT37：225

【集注】

〔1〕充漢：人名。

〔2〕千秋：里名，屬屋蘭縣。

〔3〕蘇仁：人名。

居延都尉丞主簿孫誼〔1〕   ☑   73EJT37：226

【集注】

〔1〕孫誼：人名，為居延都尉丞主簿。

居延右尉張賜〔1〕   ☑   73EJT37：227

【集注】

〔1〕張賜：人名，為居延右尉。

☑月丁丑，北，嗇夫豐〔1〕出   73EJT37：228

【集注】

〔1〕豐：人名，為關嗇夫。

☑十二月壬申，北，候史丹〔1〕出   73EJT37：230

【集注】

〔1〕丹：人名，為候史。

戍卒趙國□陵萬歲〔1〕里士伍☑   73EJT37：231

【校釋】

　　未釋字鄭威（2018，535頁）認為或許可釋作「潣」。今按，其說或是。該字磨
滅，不可辨識。

【集注】

〔1〕萬歲：里名。

☑山都孝里〔1〕舒連〔2〕　　丿☑　　　　　　　　　　73EJT37：232

【集注】

〔1〕孝里：里名，屬山都縣。

〔2〕舒連：人名。

☑□　十一月己丑□☑　　　　　　　　　　　　　　73EJT37：235

出脂少半斤　　☑　　　　　　　　　　　　　　　　73EJT37：236

觻得男子富昌〔1〕里□☑　　　　　　　　　　　　73EJT37：237

【集注】

〔1〕富昌：里名，屬觻得縣。

樂哉〔1〕隧卒徐萬人☑　　　　　　　　　　　　　73EJT37：240

【集注】

〔1〕樂哉：隧名。

田卒河南郡密邑宜年〔1〕里王捐〔2〕，年☑　　　73EJT37：241

【集注】

〔1〕宜年：里名，屬密邑。

〔2〕王捐：人名，為田卒。

肩水都尉卒史賈卿　　☑　　　　　　　　　　　　73EJT37：242

【校釋】

　　姚磊（2019E1）綴合該簡和簡73EJT37：138。今按，兩簡茬口均較齊整，又簡文內容漢簡中普遍存在，因此兩簡的綴合尚缺其他證據的支持。

廣地候長蘇得〔1〕妻觻得孝仁☑　　　　　　　　73EJT37：243

【校釋】

　　姚磊（2019E5）遙綴該簡和簡73EJC：469。今按，兩簡出土地不同，茬口不能直接拼合，暫不綴合作一簡。

【集注】

〔1〕蘇得：人名，為廣地候長。

■右十二月致　　☑　　　　　　　　　　　73EJT37：245A

■右十二月致　　☑　　　　　　　　　　　73EJT37：245B

滎陽賈里〔1〕公乘董詡〔2〕，年卅丿　用牛二　十一月辛丑，北，佐音〔3〕出

十月乙卯，南，佐音入　　　　　　　　　　73EJT37：247+808

【校釋】

姚磊（2016E2）綴。

【集注】

〔1〕賈里：里名，屬滎陽縣。

〔2〕董詡：人名。

〔3〕音：人名，為佐。

戍卒趙國邯☑　　　　　　　　　　　　　　73EJT37：250

先就〔1〕隧卒宋生☑　　　　　　　　　　73EJT37：251

【集注】

〔1〕先就：隧名。

☑□里大夫趙利親〔1〕，年廿三、長七尺☑　　73EJT37：253

【集注】

〔1〕趙利親：人名。

☑北部候長毛宣〔1〕　　☑　　　　　　　73EJT37：254

【集注】

〔1〕毛宣：人名，為北部候長。

☑　車二兩　二月癸巳出　　　　　　　　　73EJT37：256

居延髡鉗徒大男王外☑　　　　　　　　　　73EJT37：260

居延完城旦徒大男吳德〔1〕　　丿☑　　　　　　　　73EJT37：553+348

【校釋】

　　謝坤（2016G）、（2016I，242 頁）綴。又以上兩簡姚磊（2017D7，212 頁）認為屬同一簡冊，可編連。今按，其說是。兩簡形制、字體筆迹一致，內容相關，當原屬同一簡冊。

【集注】

　　〔1〕吳德：人名，為完城旦。

今餘蘭百六☑　　　　　　　　　　　　　　　　　　73EJT37：262

　　　　　　　　　　妻君☑

☑□里公乘王豐〔1〕，年卅八

　　　　　　　　　　弟男□☑　　　　　　　　　　73EJT37：265

【集注】

　　〔1〕王豐：人名。

☑安世，年卅九、長☑　　　　　　　　　　　　　　73EJT37：266

戍卒濟陰郡冤句義陽〔1〕里大夫晉橫〔2〕，年卅　長☑　　73EJT37：306+267

【校釋】

　　姚磊（2016A1）（2017K，160 頁）綴。

戍卒濟陰郡冤句南昌〔3〕里大夫許毋傷〔4〕，年卅八、長七尺二寸、黑色　∫

　　　　　　　　　　　　　　　　　　　　　　　73EJT37：987

戍卒濟陰郡☑　　　　　　　　　　　　　　　　　73EJT37：1335

【校釋】

　　姚磊（2017M，192 頁）綴合該簡和簡 73EJT37：1359。今按，兩簡似可綴合，但兩簡茬口均較整齊，且簡 73EJT37：1359 上端完整，不似斷裂處，其也可能不能綴合。

　　又以上三簡姚磊（2020H，112 頁）認為屬同一冊書，可編連。今按，說當是，三簡形制、字體筆迹等一致，或原屬同一簡冊。

【集注】

〔1〕義陽：里名，屬冤句縣。

〔2〕晉橫：人名，為戍卒。

〔3〕南昌：里名，屬冤句縣。

〔4〕許毌傷：人名，為戍卒。

☑辛卯，南入　　　　　　　　　　　　　　　　　73EJT37：274

☑……　十二月丁亥，南，候史☑☑　　　　　　73EJT37：283

☑觻得騎士孝成〔1〕里樊☑　　　　　　　　　　73EJT37：286

【集注】

〔1〕孝成：里名。

觻得敬老〔1〕里公乘☑☑☑☑　　　　　　　　　73EJT37：291

【集注】

〔1〕敬老：里名，屬觻得縣。

☑石弩　　☑　　　　　　　　　　　　　　　　　73EJT37：293

☑右游徼慶賢〔1〕里☑　　　　　　　　　　　　73EJT37：296

【校釋】

　　「右」字姚磊（2016D7）釋作「延」。今按，該簡殘斷，「右」字僅存下部少許筆畫，釋「右」可疑，當存疑不釋。

【集注】

〔1〕慶賢：里名。

　　　　子男☑
☑豐保
　　　　□□☑　　　　　　　　　　　　　　　　73EJT37：297

☑右第卅六車廿人　　☑　　　　　　　　　　　　73EJT37：299

觻得宜興〔1〕里賈武〔2〕，年五十二　　☑　　　73EJT37：300

【集注】

〔1〕宜興：里名，屬䲭得縣。

〔2〕賈武：人名。

☑　詣府☑☑　　　　　　　　　　　　　　　　　73EJT37：302

☑□市陽〔1〕里公乘李武〔2〕，年卅八　☑　　　73EJT37：304

【集注】

〔1〕市陽：里名。

〔2〕李武：人名。

☑□同，年廿二　　☑　　　　　　　　　　　　　73EJT37：307

☑南，嗇夫豐〔1〕入☑　　　　　　　　　　　　　73EJT37：308

【集注】

〔1〕豐：人名，為關嗇夫。

戍卒昭武便處〔1〕里士伍犁□，年☑　　　　　　73EJT37：309

【校釋】

　　姚磊（2017M，189頁）綴合該簡和簡73EJT37：1305。今按，兩簡或可綴合，但兩簡均僅存左半文字，缺乏更多相關信息，不確定是否能綴合。

【集注】

〔1〕便處：里名，屬昭武縣。

☑綦毋豐☑　　　　　　　　　　　　　　　　　　73EJT37：312

　　　　　　　輻車一乘

居延□長黨□　　　　　　　十月壬申，北，嗇夫豐〔1〕出

　　　　　　　馬一匹　　　　　　　　　　　　　73EJT37：1510＋313

【校釋】

　　姚磊（2016B6）綴。

【集注】

〔1〕豐：人名，為關嗇夫。

長安大京〔1〕里王賞〔2〕，年卅、字子阿　乘方箱車，駕騩牝馬，齒八歲、高
六尺　　　　　　　　　　　　　　　　　　　73EJT37：1022+314+359

【校釋】

　　簡73EJT37：1022+314姚磊（2016C4）綴合，姚磊（2017D8，82頁）又綴簡
73EJT37：359。

【集注】

〔1〕大京：里名，屬長安縣。

〔2〕王賞：人名。

軺車一乘

居延助府佐徐臨〔1〕　　　　　　　　　十月戊子，北出
　　　　　　馬一匹，騟牡、齒四歲　　　73EJT37：315+1507

【校釋】

　　姚磊（2016E2）綴。

【集注】

〔1〕徐臨：人名，為居延助府佐。

☑□橐他界中□□□☑　　　　　　　　　　　73EJT37：316

☑□張焉〔1〕，年卅六☑　　　　　　　　　　73EJT37：317

【集注】

〔1〕張焉：當為人名。

☑□□南河□☑　　　　　　　　　　　　　　73EJT37：318

熒陽□里賈罷軍〔1〕☑　　　　　　　　　　　73EJT37：319

【集注】

〔1〕賈罷軍：人名。

☑□月辛未，北，亭長☑　　　　　　　　　　　　73EJT37：320

☑□年廿五　☑　　　　　　　　　　　　　　　　73EJT37：322

☑城騎千人臨☑　　　　　　　　　　　　　　　　73EJT37：323

☑卅九　　☑　　　　　　　　　　　　　　　　　73EJT37：327

內黃東□里宋意〔1〕，年廿七　　☑　　　　　　73EJT37：328

【校釋】

　　未釋字高一致（2016B）釋「郭」。今按，該字作![圖]形，右半殘缺，從左半字形來看，似「非」郭字，當從整理者釋。

【集注】

　〔1〕宋意：人名。

……☑
祿丸一匹☑
……☑　　　　　　　　　　　　　　　　　　　　73EJT37：329A
……☑
出五百八十□☑
出百五十□☑　　　　　　　　　　　　　　　　　73EJT37：329B

☑□賈昌〔1〕，年廿四　　☑　　　　　　　　　73EJT37：334

【集注】

　〔1〕賈昌：人名。

☑斗　☑　　　　　　　　　　　　　　　　　　　73EJT37：335

☑　乘車一兩、牛二頭　☑　　　　　　　　　　　73EJT37：336

安昌□里□初　☑　　　　　　　　　　　　　　　73EJT37：337

☑□里公乘丁尉〔1〕，年☑　　　　　　　　　　73EJT37：339

【集注】

　〔1〕丁尉：人名。

☑上，年五歲、長四尺五寸、青色☑   73EJT37：340+385

【校釋】

雷海龍（2016B）綴。

☑□□令□☑   73EJT37：341A

☑□□弦二、蘭☑   73EJT37：341B

☑月戊寅，南入   ☑   73EJT37：342

☑……☑

☑長五尺、黃色卩☑

☑……☑   73EJT37：350

千秋〔1〕里任章〔2〕，年卅八   ☑   73EJT37：351

【集注】

〔1〕千秋：里名。

〔2〕任章：人名。

☑里大夫董護〔1〕   廿四、黃色   ☑   73EJT37：352

【集注】

〔1〕董護：人名。

☑   牛車一兩   十二丙申入   73EJT37：353

葆河南都里〔1〕廉望〔2〕   □☑   73EJT37：361

【集注】

〔1〕都里：里名，屬河南縣。

〔2〕廉望：人名。

□陽□□里□□□☑   73EJT37：362

☑乘驪牝馬，齒十二歲、高五尺九寸□□☑   73EJT37：365

【校釋】

姚磊（2017M，187頁）綴合簡73EJT37：170 和該簡。今按，兩簡似可綴合，

但尚存可疑之處。兩簡荏口並不十分密合，簡 73EJT37：170 文字緊湊而該簡文字
較疏鬆，其或不可綴合。

又「驪」字黃艷萍（2016B，138 頁）、（2018，138 頁）引作「駞」，並認為當
作「驪」。今按，原整理者釋文即作「驪」。

觻得敬里鄭☒　　　　　　　　　　　　　　　　　　73EJT37：366

戍卒陳留郡外黃□里公乘李□，年卅七　　☒　　　　73EJT37：368

【校釋】

「李」「卅」兩字姚磊（2017J4）、（2018E，197 頁）認為當存疑不釋，且「年」
上整理者未釋字當為兩個字。今按，姚說可從，該簡左半殘缺，不能確知，此暫從
整理者釋。

觻得宜產〔1〕里大夫王多牛〔2〕，年廿三、長七尺二寸、黑色，牛車一兩。　以
元康三年五月中出　　　　　　　　　　73EJT37：1414+1044+369

【校釋】

姚磊（2017A6，228 頁）綴，「年廿三」的「三」字原簡 73EJT37：1044 和
73EJT37：1414 均作「二」，綴合後釋。

【集注】

〔1〕宜產：里名，屬觻得縣。

〔2〕王多牛：姚磊（2017A6，229 頁）：73EJT6：39 號簡有「成漢里男子孫多牛」。
　　經核查，「宜產里」與「成漢里」均屬於張掖郡觻得縣。此類人名的命名方式
　　或與此地的文化有關。劉釗先生曾列舉古文字資料中有「封多牛」，表示富有。
　　此處亦可從，代表著對富足、美好生活的一種追求。

　　　今按，其說是。王多牛為人名。

☒　黑色　丿　　　　　　　　　　　　　　　　　　73EJT37：370

觻得樂就〔1〕里女子徐女止〔2〕，年十八、長七尺、黑色　子小女來卿，年二
歲卩　　　　　　　　　　　　　　　73EJT37：1028+1208+371

【校釋】

簡 73EJT37：1208+371 姚磊（2016A7）、（2017K，162 頁）綴合，姚磊（2016B6）又綴簡 73EJT37：1028。

【集注】

〔1〕樂就：里名，屬觻得縣。

〔2〕徐女止：人名。

| ▱□昌百□□□□▱ | 73EJT37：372 |
| ▱十二月戊辰入▱ | 73EJT37：375 |

▱　十二月壬申，南，嗇夫豐〔1〕入 73EJT37：378

【集注】

〔1〕豐：人名，為關嗇夫。

河南卷始昌〔1〕里爰建，年卅五□▱ 73EJT37：1245+383

【校釋】

姚磊（2020B，119 頁）綴。此外姚磊（2020B，119 頁）還綴合該簡和簡 73EJT37：409。今按，簡 73EJT37：409 和簡 73EJT37：383 茬□處不能直接拼合，或不當綴合。

「爰」高一致（2016B）釋「受」。今按，改釋或可從，但該簡右半殘缺，不能確知，暫從整理者釋。

【集注】

〔1〕始昌：里名，屬卷縣。

居延廣地〔1〕里大夫白長壽〔2〕，年十二▱ 73EJT37：384

【集注】

〔1〕廣地：里名，屬居延縣。

〔2〕白長壽：人名。

| ▱五尺八寸　七月　▱ | 73EJT37：387 |
| ▱……三月己巳　弓一、矢一發 | 73EJT37：388 |

觻得敬老〔1〕里公乘章襃〔2〕，年卅五　牛一頭、車一兩☑

元延二年五月辛酉……☑　　　　　　　　　　　73EJT37：389+1137

【校釋】

　　雷海龍（2016C）綴。「五月」原作「正月」，許名瑲（2016C）、（2016G）、（2017A，108頁）釋，其並於「酉」下補「朔壬戌」三字。今按，補釋或可從，但簡文殘斷，不能確知。

【集注】

　〔1〕敬老：里名，屬觻得縣。

　〔2〕章襃：人名。

☑　・凡六十一人☑百五十六輴車廿三☑

☑　其廿九人吏　　☑　　　　　　　　　　　　73EJT37：390

　　　　　　　　　　　　　　　　　四☑

從者居延雜里〔1〕官大夫所勳〔2〕，年廿六

　　　　　　　　　　長六尺☑　　73EJT37：393+1290

【校釋】

　　姚磊（2017A6，234頁）綴。

【集注】

　〔1〕雜里：里名，屬居延縣。

　〔2〕所勳：人名，為從者。

☑□里不更孫□，年五十六、長七尺二寸、黑色，牛車一☑

　　　　　　　　　　　　　　　73EJT37：394+685

【校釋】

　　姚磊（2016E3）綴。

☑里男子王則〔1〕，年卅四☑　　　　　73EJT37：399

【集注】

　〔1〕王則：人名。

☑車二兩，十一月己酉☐出☐☐

☑牛二頭　　　　　　　　　　　　　　　　　73EJT37：402

【校釋】

　　姚磊（2017M，195 頁）綴合簡 73EJT37：1463 和該簡。今按，兩簡或可綴合，但茬口處不能十分密合，暫不綴作一簡。

☑長七尺四寸、黑色，四月☑　　　　　　　　　73EJT37：403

河南宜成〔1〕里王葆〔2〕，年卅　　☑　　　　73EJT37：405

【集注】

　〔1〕宜成：里名，屬河南縣。

　〔2〕王葆：人名。

田卒河南郡密邑發武〔1〕朱宗〔2〕，年卅五　　☑　　73EJT37：408

【集注】

　〔1〕發武：當為里名，屬密邑。

　〔2〕朱宗：人名，為田卒。

☑……

☑六尺一寸，一匹，☐牝、齒八歲、高六尺，君功買　73EJT37：409

【校釋】

　　姚磊（2020B，119 頁）綴合簡 73EJT37：1245+383 和該簡。今按，該簡和簡 73EJT37：383 茬口處不能直接拼合，或不當綴合。

☑轢得高平〔1〕里士五趙相〔2〕，年卅三　　☑　　73EJT37：411

【校釋】

　　「五」字韓鵬飛（2019，1619 頁）作「伍」。今按，說或是，但該字左半缺失，不能確知，暫從整理者釋。

【集注】

　〔1〕高平：里名。

　〔2〕趙相：人名。

☑□年十七歲、長七尺二寸、步入□☑　　　　　　　73EJT37：414

【校釋】

　　簡末未釋字姚磊（2016D2）補作「帶」。今按，補釋可從，但簡牘殘斷，該字僅存上半部分，不能確知，當從整理者釋。

☑□齒七歲　　二月丙辰出

　　　　　　　　　　不

☑五歲　　　　　卩　　　　　　　　　　　　　73EJT37：416

　　　　　　　　　　　　　　輺車☑

居延龍起〔1〕里男子龐並〔2〕

　　　　　　　　　　　馬一匹☑　　　　　　　73EJT37：418

【集注】

　〔1〕龍起：里名，屬居延縣。

　〔2〕龐並：人名。

居延守令史寶彭☑　　　　　　　　　　　　　73EJT37：419

☑　　大車一兩，牛一，十一月入　　　　73EJT37：424+1419

【校釋】

　　雷海龍（2016C）綴。

☑　　大車一兩，牛一　　十一月入　　　　　　73EJT37：635

居延完城旦大男梁奉宗〔1〕　　☑　　　　　　　73EJT37：1120

居延復作大男孫奉〔2〕　　卩　大車一兩，牛二　十一月入

　　　　　　　　　　　　　　　　　　　73EJT37：1391+883

【校釋】

　　姚磊（2017D7，213 頁）、（2020B，120 頁）綴。又以上四簡姚磊（2017D7，213 頁）認為屬同一簡冊，可編連。今按，其說是，四簡形制、字體筆迹等一致，內容相關，當屬同一簡冊。

【集注】

〔1〕梁奉宗：人名，為完城旦。

〔2〕孫奉：人名，為復作。

䎛得壽貴〔1〕里公乘徐奴〔2〕，年卅三☑　　　　　　73EJT37：431

【集注】

〔1〕壽貴：里名，屬䎛得縣。

〔2〕徐奴：人名。

☑九月癸未，北出　　☑　　　　　　　　　　　　73EJT37：433

・右第九車十人　　☑　　　　　　　　　　　　　73EJT37：435

☑　ㄅ　ㄅ　　　　　　　　　　　　　　　　　73EJT37：439

☑二石臨菑來□□□☑

☑……☑（習字）　　　　　　　　　　　　　　73EJT37：440A

☑五小麥三石五☑

☑出小麥……☑　　　　　　　　　　　　　　　73EJT37：440B

出黃粱米一斗一　其□□　建始三年三月丁未〔1〕，置佐親☑　73EJT37：448

【集注】

〔1〕建始三年三月丁未：建始，漢成帝劉驁年號。據徐錫祺（1997，1623 頁），建
始三年三月壬午朔，二十六日丁未，為公曆公元前 30 年 5 月 9 日。

☑色　車□兩、牛二頭　七月丁亥入　丿　　　　73EJT37：449

【校釋】

「丿」原未釋，韓鵬飛（2019，1621 頁）釋。

田卒河南新鄭富里〔1〕公乘孫章〔2〕，年廿九　　☑　　73EJT37：452

【集注】

〔1〕富里：里名，屬新鄭縣。

〔2〕孫章：人名，為田卒。

捕虜〔1〕隧長昭武久長〔2〕里公乘朱雲〔3〕，年卅五，對府　☑

73EJT37：454

【集注】

〔1〕捕虜：隧名。

〔2〕久長：里名，屬昭武縣。

〔3〕朱雲：人名，為隧長。

段順〔1〕大婢織綈〔2〕，長七尺　☑　　73EJT37：455

【集注】

〔1〕段順：人名。

〔2〕織綈：人名，為大婢。

☑☑肩水里李音〔1〕，卅六歲、字子上，乘輫車，駕姚華牝馬一匹，齒九☑☑

73EJT37：456

【校釋】

　　未釋字姚磊（2016D2）分別補「延」「歲」。今按，補釋可從，但簡牘殘斷，所補字均僅存一點墨迹，不能確知，當從整理者釋。

【集注】

〔1〕李音：人名。

熒陽春陵〔1〕里公乘張福〔2〕，年六十三、字☐☑　　73EJT37：458

【集注】

〔1〕春陵：里名，屬熒陽縣。

〔2〕張福：人名。

谿東〔1〕隧卒東郡博平市南〔2〕里☑　　73EJT37：460

【集注】

〔1〕谿東：隧名。

〔2〕市南：里名，屬博平縣。

☑占用馬☑驛牝馬，齒十歲☑　　　　　　　　　73EJT37：462

☑　十二月奉　　☑　　　　　　　　　　　　　73EJT37：463

居延殄北令史陽里〔1〕公乘蘇☑☑　　　　　　　73EJT37：465

【集注】

〔1〕陽里：里名。

肩水候史傅武〔1〕　　☑　　　　　　　　　　　73EJT37：466

【集注】

〔1〕傅武：人名，為肩水候史。

齊郡鉅定广里〔1〕不更宿延☑　　　　　　　　　73EJT37：470

【校釋】

　　沈思聰（2019，144 頁）綴合該簡和簡 73EJT37：1157。今按，兩簡茬口處不能密合，書寫上亦有不同，該簡文字寬扁，十分接近簡牘左右兩側邊緣，而簡73EJT37：1157 文字和左側邊緣之間存有明顯一段空白。因此，兩簡或不能綴合。

【集注】

〔1〕广里：里名，屬鉅定縣。

☑其一匹，齒七歲、高五尺八寸☑

☑□歲、高五尺八寸　二月□☑　　　　　　　　73EJT37：472

☑山里公乘常襃〔1〕，年卅二　初除，詣府入□□☑　73EJT37：476

【集注】

〔1〕常襃：人名。

出錢六十　　□□儀□　　☑　　　　　　　　　73EJT37：478

□□□□里蔡□字君□　乘輜車，駕騮牡馬一匹，齒六歲　三月戊寅☑

　　　　　　　　　　　　　　　　　　　　73EJT37：479+1131

【校釋】

　　姚磊（2016B7）綴。

☑見將車♪
☑正月壬辰入　　　　　　　　　　　　　　　　　　　73EJT37：481

【校釋】

　　姚磊（2016F3）、（2017D8，76 頁）綴合簡 73EJT37：484 和該簡。今按，兩簡
字體筆迹等並不一致，茬口處不能拼合，似不能綴合。

☑□里于破胡〔1〕，年卅八□☑　　　　　　　　　　73EJT37：482

【校釋】

　　姚磊（2017H9，272 頁）綴合簡 73EJT37：491 和該簡。今按，兩簡字體筆迹
似不一致，茬口亦不能密合，似不能綴合。

【集注】

〔1〕于破胡：人名。

☑子男壽〔1〕，年十三☑
☑　　四月庚午出☑　　　　　　　　　　　　　　　　73EJT37：484

【校釋】

　　姚磊（2016F3）、（2017D8，76 頁）綴合該簡和簡 73EJT37：481。今按，兩簡
字體筆迹等並不一致，茬口處不能拼合，似不能綴合。又「四」字姚磊（2016F3）、
（2017D8，76 頁）認為當是「正」。今按，說或可從，但簡文漫漶不清，不能辨識，
暫從整理者釋。

【集注】

〔1〕壽：人名。

☑……□月□申出☑
☑　　□月癸巳入☑　　　　　　　　　　　　　　　　73EJT37：488

☑　　弟齋，年七歲☑
☑　　作者鰈得孝□☑　　　　　　　　　　　　　　　73EJT37：491

【校釋】

　　姚磊（2017H9，272 頁）綴合該簡和簡 73EJT37：482。今按，兩簡字體筆迹似
不一致，茬口亦不能密合，似不能綴合。

　　　第一行「弟」黃艷萍（2016B，123 頁）、（2018，136 頁）作「第」。今按，該
字作![字形]形，據字形當為「第」。但漢簡中「第」「弟」的使用常存在混同的情況，暫
從整理者釋。

☑□觻得益昌〔1〕里丁□☑　　　　　　　　　　　　　　73EJT37：496

【集注】

　〔1〕益昌：里名，屬觻得縣。

☑晦日，積千二百六十日□☑　　　　　　　　　　　　　73EJT37：498

昭武安定〔1〕里楊充☑　　　　　　　　　　　　　　　73EJT37：499

【集注】

　〔1〕安定：里名，屬昭武縣。

殄虜〔1〕隧長猛〔2〕　　　☑　　　　　　　　　　　73EJT37：502

【集注】

　〔1〕殄虜：隧名。

　〔2〕猛：人名，為殄虜隧長。

陽夏□□里陳奉親〔1〕　　☑　　　　　　　　　　　73EJT37：504

【集注】

　〔1〕陳奉親：人名。

☑　四石 S　　☑　　　　　　　　　　　　　　　　　73EJT37：508

☑橐他候□□□☑　　　　　　　　　　　　　　　　　73EJT37：509

☑吏十人　　　　　　　民十人☑

☑卒五百五十一人　凡五百☑　　　　　　　　　　　　73EJT37：510

☑陰阪☑　　　　　　　　　　　　　　　　　　　　　73EJT37：513

☑二月壬申出☑　　　　　　　　　　　　　　　　　　73EJT37：514

```
　　　　　　　　　　　　子使女〔2〕本□，年十四　　劉莫且〔3〕，年廿五
隗卿致〔1〕以十二月庚寅入　子使男誼〔4〕，年八　　　從者衛慶〔5〕，年廿四
　　　　　　　　　　　　子使女聖〔6〕，年四　　　　凡六人　73EJT37：532
```

【集注】

〔1〕隗卿致：似為人名，不過此處「致」亦可能指通行憑證，如此則隗卿為人名。

〔2〕使女：森鹿三（1983C，105 頁）：我們可以推斷使男（女）的最高年齡和口賦
　　　負擔者的最高年齡一樣，也是十四歲。再據《漢儀注》載，使男（女）到了十
　　　五歲以後，沒人就要繳納一百二十錢的算賦，所以十五歲以後，大概相當於居
　　　延漢簡中所說的大男（女）的年齡階段。

　　　　永田英正（2007，137 頁）：性別年齡的區分是，十五歲以上的男女稱大
　　　男、大女，十四歲以下七歲以上的男女稱使男、使女，六歲以下的男女稱未使
　　　男、未使女。這一年齡段的區分，與當時實行的人頭稅算賦、口賦的年齡區分
　　　是一致的。

　　　　王子今（2008，40 頁）：「使男」「使女」和「未使男」「未使女」的「使」
　　　字，可以理解為具有了基本勞作能力。「使」解釋為「役」「用」「教」「令」「事」，
　　　都是可以的，但是並非只是指君主對臣民的「使」，也包括家族尊長對一般成
　　　員的「使」。

　　　　凌文超（2011，476 頁）：如果以年齡為劃分依據，一般說來，14 歲以下
　　　為「小」，其中 7〜14 歲為「使」，6 歲以下為「未使」。「使」「未使」是與廩
　　　給有關的社會身份，同一開始為自然身份的「小」也有所區分，「小」包括了
　　　「使」和「未使」的年齡層，兩者在廩給制度中組合使用。

　　　　今按，諸說是。使女為七歲以上十五歲以下的女子。

〔3〕劉莫且：人名。

〔4〕誼：人名。

〔5〕衛慶：人名，為從者。

〔6〕聖：人名。

觻得安國〔1〕里公乘李鳳〔2〕，年卅丿　　□☑　　　　　　73EJT37：536

【校釋】

　　　姚磊（2019E3）綴合該簡和簡 73EJT37：810。今按，兩簡茬口似不能密合，暫
不綴合作一簡。

【集注】

〔1〕安國：里名，屬觻得縣。

〔2〕李鳳：人名。

☑年卅一　方箱車一乘　　☑	73EJT37：539
入還絮錢六百八十⋯⋯☑	73EJT37：541
☑□一、大刀一　六月乙□☑	73EJT37：543

司寇〔1〕大男楊廣〔2〕，年廿五、黑☑　　　　　　　　73EJT37：545

【集注】

〔1〕司寇：徐世虹（1999，93頁）：司寇為漢代勞役刑中較輕等級，刑期二年。正如城旦刑之名以男為城旦，以女為舂，鬼薪刑以男為鬼薪，以女為白粲一樣，司寇刑以男為司寇，以女為作如司寇。其勞役內容為將罪犯派往邊境，邊服勞役邊禦外寇。女性罪犯不能任此勞役，便按照司寇的刑期服其他勞役，是為作如司寇，其名見《漢舊儀》。

賈麗英（2019B，174頁）：城旦司寇、舂司寇、城旦之司寇，事實上都是城旦舂身份，司寇這個詞，在這裏只是一個監管城旦或舂勞役的職事。而作為身份的司寇，秦及漢初的司寇是「戶人」，可以有少量的田宅，居住在居民里中。但他們需長期冗作供役於官府，儘管沒有跟徒隸一起被嚴密監管，仍被官府掌控，屬「縣官徒」，勞役繁重，生活艱難。西漢中期，隨着法律制度的完善，在太初改制「數用五」的時代，概念模糊的隸臣妾消失，既是罪徒又是戶人的司寇，雙重身份合二為一，完全進入徒隸行列。他們不能再居住在里中，開始被官署集中監管，或作於司空，或服役於邊地，或與重罪徒一起被徵調作役於大型土木工程。所有的司寇身份都是男性。戶人時期的司寇，女性適用於「婦人從人」的原則，只有司寇妻、司寇子身份，無女性司寇。徒隸時期的司寇，女性適用於「婦人無刑」，犯惡從男子之刑。男為司寇，女為作如司寇。

今按，諸說多是。司寇為刑徒之一種。

〔2〕楊廣：人名，為司寇。

☑公乘□□□☑	73EJT37：546
肩水司馬令史居延鞮汗〔1〕里☑	73EJT37：547

【校釋】

姚磊（2019E2）綴合該簡和簡 73EJT37：593。今按，兩簡或可綴合，但茬口不能密合，暫不綴合作一簡。

【集注】

〔1〕鞮汗：里名，屬居延縣。

從史居延安樂〔1〕里大夫李立〔2〕，年廿　　☑　　　　　　　73EJT37：548

【集注】

〔1〕安樂：里名，屬居延縣。

〔2〕李立：人名，為從史。

田卒梁國睢陽斜陽〔1〕里謝姓□☑　　　　　　　　　　　73EJT37：550

【集注】

〔1〕斜陽：里名，屬睢陽縣。

☑年卅五、長七尺三寸　黑色　☑　　　　　　　　　　　73EJT37：551

☑乘方相車，駕騏牝馬，齒八歲、高六尺二寸，十月庚申，北出卩

73EJT37：552+623

【校釋】

姚磊（2016B7）、（2018E，25 頁）綴。

戍卒觻得市陽〔1〕里盧侯忠〔2〕，年廿四　丿　六月丁巳，北出　凡廿二人，

五月乙卯，南入　　　　　　　73EJT37：611+554+559+904

【校釋】

簡 73EJT37：554+559 顏世鉉（2016B）綴，姚磊（2016B5）又綴簡 73EJT37：611 和 73EJT37：904。又關於該簡年代，許名瑲（2016H）推擬為哀帝建平二年，且認為宣帝元康四年和成帝建始二年可為參考年代。今按，其說當是。

【集注】

〔1〕市陽：里名，屬觻得縣。

〔2〕盧侯忠：人名，為戍卒。

☑□三歲
☑年一歲　　　　　　　　　　　　　　　　　　　73EJT37：557

平樂〔1〕隊長姚況請卒☑　　　　　　　　　　　73EJT37：560

【集注】

〔1〕平樂：隧名。

戍卒趙國襄國下廣〔1〕里公乘耿□☑　　　　　　73EJT37：562

【集注】

〔1〕下廣：里名，屬襄國。

☑年卌九、長七尺四寸、黑色　　☑　　　　　　73EJT37：563

河南郡新鄭侯利〔1〕里公乘江□☑　　　　　　73EJT37：564

【集注】

〔1〕候利：里名，屬新鄭縣。

☑　車牛一兩　二月癸巳出　　　　　　　　　　73EJT37：567
出百卌就上北部　　☑　　　　　　　　　　　　73EJT37：568
☑……卩　☑　　　　　　　　　　　　　　　　73EJT37：569
☑五斗　☑　　　　　　　　　　　　　　　　　73EJT37：570

☑緱氏閒里〔1〕吳彊〔2〕，年☑　　　　　　　73EJT37：571

【集注】

〔1〕閒里：里名，屬緱氏縣。

〔2〕吳彊：人名。

戍卒淮陽國甯平宜春〔1〕里大夫宋善〔2〕，年廿、長七尺二寸、黑色，弓　☑
　　　　　　　　　　　　　　　　　73EJT37：866+580

【校釋】

姚磊（2017A6，233 頁）綴合。

【集注】

〔1〕宜春：里名，屬甯平縣。

〔2〕宋善：人名，為戍卒。

橐他沙上〔1〕隧☑　　　　　　　　　　　　　73EJT37：582

【集注】

〔1〕沙上：隧名。

美草〔1〕卒陳湯〔2〕　　☑　　　　　　　　73EJT37：586

【集注】

〔1〕美草：隧名。

〔2〕陳湯：人名，為戍卒。

☑陳音　故廣地☑　　　　　　　　　　　　　73EJT37：593

【校釋】

　　姚磊（2019E2）綴合簡 73EJT37：547 和該簡。今按，兩簡或可綴合，但茬口不能密合，暫不綴合作一簡。

廣利〔1〕隧長成倉〔2〕　詣府取急☑　　　　73EJT37：603+595

【校釋】

　　顏世鉉（2016B）綴。

【集注】

〔1〕廣利：隧名。

〔2〕成倉：人名，為廣利隧長。

　　　　十月壬子出

☑三匹

　　　　十二月乙未入　卩　　　　　　　　　73EJT37：602

☑□歸安定取衣用，五月辛酉，北出　五月壬辰，南入

　　　　　　　　　　　　　　　　　　73EJT37：608+683

【校釋】

姚磊（2017H9，272 頁）綴。前一個「五月」的「五」原簡 73EJT37：683 作「正」，綴合後釋。又後一個「五」姚磊（2017H9，273 頁）認為書手存有塗改，當存疑不釋。

陽武廷里〔1〕魯日〔2〕，年六十　五月十六日北，嗇夫欽〔3〕出☑

73EJT37：1418+664+609

【校釋】

簡 73EJT37：1418+664 謝坤（2016F）、（2016I，245 頁）綴，綴合後補「魯日」的「日」字。姚磊（2017M，193 頁）又綴簡 73EJT37：609。

【集注】

〔1〕廷里：里名，屬陽武縣。

〔2〕魯日：人名。

〔3〕欽：姚磊（2017M，194 頁）：其全名為「李欽」，任職時間上可追溯至元延二年（前 11），下可查到始建國元年（9）。

今按，其說是。欽為金關關嗇夫人名。

河南郡滎陽□□里公乘王定〔1〕，年廿七歲、長七尺……以十□☑

73EJT37：662+613

【校釋】

姚磊（2016F5）、（2017D8，78 頁）綴，並認為簡末未釋字是「月」。又「七尺」下姚磊（2017D8，79 頁）補釋「□寸黑色」。今按，補釋或可從，但圖版字迹磨滅，簡文漫漶不清，多不能辨識，當從整理者釋。

【集注】

〔1〕王定：人名。

　　　　　　　軺車一乘
☑塢長張宗〔1〕　　　　　　　　　　　　　十二月丙戌出☑
　　　馬一匹，驪牝、齒十歲、高五尺八寸　　　　73EJT37：618

【集注】

〔1〕張宗：人名，為塢長。

■右第六車十人　　☑　　　　　　　　　　　　　73EJT37：619

☑　四月乙巳入　　　　　　　　　　　　　　　73EJT37：620

觻得昌平〔1〕里公乘鄭襃〔2〕，年廿五　　☑　　73EJT37：621

【校釋】

姚磊（2019E3）綴合該簡和簡 73EJT37：50。今按，兩簡茬口似不能密合，拼合後無法復原「丿」字，或不可綴合。

【集注】

〔1〕昌平：里名，屬觻得縣。

〔2〕鄭襃：人名。

安竟〔1〕隧卒觻得步利〔2〕里士伍孔益壽〔3〕☑　　73EJT37：622

【集注】

〔1〕安竟：隧名。

〔2〕步利：里名，屬觻得縣。

〔3〕孔益壽：人名，為戍卒。

河南雒陽苣陽〔1〕里大夫菅從〔2〕，年卅五、長七尺二寸、黑色（上）
五月辛未出
　　　　　　牛二、車一兩，弩一、矢五十
六月乙巳入（下）　　　　　　　　　73EJT37：713+624

【校釋】

姚磊（2016E4）綴。「苣」原作「芷」，韓鵬飛（2019，頁）釋作「苣」。今按，說是。該字作 形，其下部為漢簡中「臣」普遍寫法。

河南郡雒陽柘里〔3〕大夫蘇通〔4〕，年五十五、長七尺二寸、黑色（上）
五月辛未出
　　　　　　牛一、車一兩，弩一、矢五十
六月乙巳入（下）　　　　　　　　　73EJT37：1084

【校釋】

以上兩簡姚磊（2020H，117 頁）認為屬同一冊書，可編連。今按，說當是，兩簡形制、字體筆迹等一致，或原屬同一簡冊。

【集注】

〔1〕莒陽：里名，屬雒陽縣。

〔2〕菅從：人名。

〔3〕柘里：里名，屬雒陽縣。

〔4〕蘇通：人名。

臨之〔1〕隧長田放　☑　　　　　　　　　　　　　73EJT37：629

【校釋】

「田」字高一致（2016B）釋「甲」，姚磊（2016D2）釋「申」。今按，該字圖版作█形，中間一豎上下均有出頭，似為「申」字。

【集注】

〔1〕臨之：隧名。

水北〔1〕隧卒耿勃〔2〕　☑　　　　　　　　　　　　73EJT37：630

【集注】

〔1〕水北：隧名。

〔2〕耿勃：人名，為戍卒。

☑　輺車二乘、馬二匹　J　　　　　　　　　　　73EJT37：632

河南滎陽春成〔1〕里張☑　　　　　　　　　　　　73EJT37：633

【集注】

〔1〕春成：里名，屬滎陽縣。

河南郡滎陽臨豪〔1〕里趙宗〔2〕，年廿九、長十七又尺二寸、黑色　皆十一月丙戌入　　　　　　　　　　　　　　　　　73EJT37：634+1030

【校釋】

姚磊（2016F9）、（2017D8，78頁）綴。

【集注】

〔1〕臨豪：里名，屬滎陽縣。

〔2〕趙宗：人名。

軺車一乘

居延守獄史陳臨〔1〕　　　　　十二月乙丑，北，嗇夫豐〔2〕出

用馬一匹　　　　　　　73EJT37：885+636

【校釋】

姚磊（2016A4）、（2017K，161頁）綴。

【集注】

〔1〕陳臨：人名，為居延守獄史。

〔2〕豐：人名，為關嗇夫。

☑……建平二年十一月丙戌〔1〕，置佐並〔2〕受☑　　　73EJT37：639

【集注】

〔1〕建平二年十一月丙戌：建平，漢哀帝劉欣年號。據徐錫祺（1997，1674頁），
　　建平二年十一月甲申朔，三日丙戌，為公曆公元前5年12月2日。

〔2〕並：人名，為置佐。

東郡發干〔1〕就龍〔2〕亭長公乘長□☑　　　73EJT37：641

【集注】

〔1〕發干：東郡屬縣。《漢書·地理志上》：「發干，莽曰戢楯。」

〔2〕就龍：亭名。

☑邑東鄉亭長許廣□☑　　　73EJT37：644

☑□卩　為人黑、毋須、長七尺，衣白布單衣、白布單絝　　73EJT37：646

雲陽不審里汝雲□□年卅六七　中壯板身汙面，短髯、長三寸所，衣白布單
衣□☑　　　　　　　73EJT37：901+660

【校釋】

姚磊（2016C2）綴，並認為「雲」後未釋字存在寫錯字被刮削的可能。今按，從圖版來看，似有刮削的痕迹，亦有可能是簡牘自身剝蝕。

☑高拓，年卅 73EJT37：661

甲渠候史居延白石〔1〕里公乘靳望〔2〕，年五十八☑ 73EJT37：663

【集注】

〔1〕白石：里名，屬居延縣。

〔2〕靳望：人名，為甲渠候史。

☑年卅八　☑ 73EJT37：665

☑　輜車八乘

☑　馬十一匹 73EJT37：668

葆茂陵萬延〔1〕里陳廣漢〔2〕，年卅二、長七尺六寸　☑ 73EJT37：669

【集注】

〔1〕萬延：里名，屬茂陵縣。

〔2〕陳廣漢：人名。

戍卒淮陽國扶溝桐里〔1〕公乘寇志〔2〕，年卅一　車父　☑ 73EJT37：670

【校釋】

「扶」韓鵬飛（2019，1633頁）作「枎」。今按，該字作 枎 形，或為「扶」字書誤。

【集注】

〔1〕桐里：里名，屬扶溝縣。

〔2〕寇志：人名，為戍卒。

・肩水候官建始元年七月盡九月，居延　吏出入關名籍　73EJT37：671+1009

【校釋】

姚磊（2017D8，80頁）綴。

☑乘朱毌傷〔1〕，年卌歲、長七尺二寸　　☑　　　　73EJT37：672

【集注】

〔1〕朱毌傷：人名。

水北〔1〕隧卒兒櫨〔2〕　——　一　☑　　　　　73EJT37：673

【集注】

〔1〕水北：隧名。

〔2〕兒櫨：人名，為戍卒。

　　　　　　軺車☑

居延掾樊循〔1〕

　　　　　　用馬☑　　　　　　　　　　　　　　73EJT37：674

【集注】

〔1〕樊循：人名，為居延掾。

・循客〔1〕張掖〔2〕和平〔3〕里孫立〔4〕，字君功，年卅四、五，短壯□□細身、小頭方面、小髭少須、身端直，初亡時黑幘☑　　73EJT37：675+688

【校釋】

　　姚磊（2017A6，236頁）綴，且補未釋字作「黑色」。今按，補釋可從，但簡文漫漶不清，不能確知，當從整理者釋。

【集注】

〔1〕循客：「循」當通「遁」，義為逃跑。《漢書・匈奴傳上》：「匈奴聞漢兵大出，老弱犇走，毆畜產遠遁逃，是以五將少所得。」遁客當指逃跑的人。

〔2〕張掖：當為縣名。據《漢書・地理志》，武威郡有張掖縣。

〔3〕和平：里名，屬張掖縣。

〔4〕孫立：人名。

☑□寸、黑色　彡　十一月己未　☑　　　　　　73EJT37：676

☑四石　四石　四石　　　　　　　　　　　　　73EJT37：677

戍卒淮陽國甯平□城里大夫陳護〔1〕，年廿四、長七尺二寸、黑色　　3□

　　　　　　　　　　　　　　　　　　　　　　　73EJT37：679

【集注】

〔1〕陳護：人名，為戍卒。

居延亭長當遂〔1〕里公乘□慶，年卅二卩　　用馬一匹，白□　　S□

　　　　　　　　　　　　　　　　　　　　　　　73EJT37：694

【集注】

〔1〕當遂：里名。

募〔1〕從者始昌〔2〕里公乘成次〔3〕，年卅八、長七尺四寸　　　□

　　　　　　　　　　　　　　　　　　　　　　　73EJT37：695

【集注】

〔1〕募：當為人名。

〔2〕始昌：里名。

〔3〕成次：人名，為募從者。

□軺車一乘

　　　　　　二月辛未，南，亭長步〔1〕入

□馬一匹　　　　　　　　　　　　　　　　　73EJT37：696

【集注】

〔1〕步：人名，為亭長。

□界亭　皆九月戊午入　　□　　　　　　　73EJT37：697

梁國戍卒蓄直里〔1〕大夫陳延年〔2〕，年廿五　　□　　73EJT37：699

【集注】

〔1〕直里：里名，屬嚙縣。

〔2〕陳延年：人名，為戍卒。

□李君卿〔1〕一分直百

☑王子真〔2〕一分直百 73EJT37：700

【集注】

〔1〕李君卿：人名，或「君卿」為尊稱。

〔2〕王子真：人名。

河南鞏秋陰〔1〕里公乘趙紂〔2〕，年廿一、長七尺□□☑ 73EJT37：703

【集注】

〔1〕秋陰：里名，屬鞏縣。

〔2〕趙紂：人名。

南陽宛邑令史段護〔1〕 ☑ 73EJT37：709

【校釋】

「段」原作「殷」，姚磊（2017J4）釋。簡73EJT37：1222簡有「南陽宛邑令史段護」，蔣波、周世霞（2016，50頁）指出「殷護」「段護」，二人實為同一人，簡文起草者將「段」字誤作「殷」，或誤將「殷」字寫成了「段」字。今按，實為整理者釋文錯誤，並非簡文起草者誤書「段」「殷」二字。

【集注】

〔1〕段護：人名，為宛邑令史。

張掖屬國破胡佰三〔1〕里楊忠〔2〕，年五十一、長七尺三寸 十二月甲午入 ☑
73EJT37：710

【集注】

〔1〕佰三：里名。

〔2〕楊忠：人名。

☑年卅八歲、黃色 ・輺車三乘、牛車四兩，用馬七匹、草馬〔1〕廿四，用牛四 卩 73EJT37：711

【集注】

〔1〕草馬：即母馬。參簡73EJF3：329B「草牛」集注。

軺車一乘，馬一匹，騩牝、齒十六、高六尺

河東北屈經陰鄉嗇夫梁博〔1〕

黑犗牛一頭　　　　　　　73EJT37：852+712

【校釋】

　　謝坤（2017A，70 頁）綴。

【集注】

　　〔1〕梁博：人名，為經陰鄉嗇夫。

☑三寸、黑色　　　　　　　　　　　　　　　73EJT37：717

今入卅石

☑□輸卅□粟七十石

與此四百七十二石八斗　　　73EJT37：724

河南雒陽南堂〔1〕里不更許脩〔2〕，年卅七歲、長七尺二寸、墨色，告不出　車
一兩、牛二頭，弩一、矢五十　　　　　　　73EJT37：1476+730

【校釋】

　　林宏明（2016I）、謝坤（2017A，71 頁）綴。

【集注】

　　〔1〕南堂：里名，屬雒陽縣。

　　〔2〕許脩：人名。

☑用牛一，黃犗、齒十歲　九月丁未，北出☑　　　73EJT37：735

軺車七乘

神爵元年六月癸未〔1〕，張掖卒史張卿輩，凡十五人出

馬九匹

73EJT37：739

【集注】

　　〔1〕神爵元年六月癸未：據徐錫祺（1997，1561 頁），神爵元年六月辛巳朔，三日
　　　　癸未，為公曆公元前 61 年 7 月 26 日。

葆扶風槐里〔1〕東回〔2〕里李可〔3〕，年卅 　　　　　73EJT37：741

【集注】

〔1〕槐里：右扶風屬縣。《漢書・地理志上》：「槐里，周曰犬丘，懿王都之。秦更
　　名廢丘。高祖三年更名。有黃山宮，孝惠二年起。莽曰槐治。」

〔2〕東回：里名，屬槐里縣。

〔3〕李可：人名。

觻得始樂〔1〕里公大夫封賢〔2〕，年五十、長七尺二寸、黑色　十月壬辰出（上）
十月庚子入
為平利〔3〕里侯畢成〔4〕葆（下） 　　　　　73EJT37：745

【集注】

〔1〕始樂：里名，屬觻得縣。

〔2〕封賢：人名。

〔3〕平利：里名。

〔4〕侯畢成：人名。

世〔1〕從者安故〔2〕里孫偃〔3〕，年十三、長六尺、黑色　　73EJT37：746

【集注】

〔1〕世：人名。

〔2〕安故：里名。

〔3〕孫偃：人名，為從者。

☑佐祿福德昌〔1〕里趙欣〔2〕，年卅、長七尺八寸　五月中出，七月癸卯過南
　　　　　　　　　　　　　　　　　　　　　　　　　73EJT37：747

【集注】

〔1〕德昌：里名，屬祿福縣。

〔2〕趙欣：人名。

居延都尉屬居延金脩〔1〕里張誼〔2〕，年卅一　軺車一乘、馬一匹
　　　　　　　　　　　　　　　　　　　　　　　　　73EJT37：748

【集注】

〔1〕金脩：里名，屬居延縣。

〔2〕張誼：人名，為居延都尉屬。

粱國戍卒菑東昌〔1〕里大夫桐汙虜〔2〕，年廿四　刀　　　　　73EJT37：750

【校釋】

「粱」原作「梁」，黃艷萍（2016B，122 頁）、（2018，135 頁）釋。

【集注】

〔1〕東昌：里名，屬菑縣。

〔2〕桐汙虜：人名，為戍卒。

小婢承顏〔1〕，長五尺　刀　　　　　　　　　　　　　　　　73EJT37：751

【集注】

〔1〕承顏：人名，為小婢。

居延東鄉嗇夫延年〔1〕里乾忠臣〔2〕，長七尺五寸、黑色　輨車一乘、馬二匹
　　　　　　　　　　　　　　　　　　　　　　　　　　　　73EJT37：753

【集注】

〔1〕延年：里名，屬居延縣。

〔2〕乾忠臣：人名，為居延東鄉嗇夫。

河南郡新鄭高關〔1〕里公乘馮奉〔2〕，卅三　　　　　　　　73EJT37：764

【集注】

〔1〕高關：里名，屬新鄭縣。

〔2〕馮奉：人名。

昭武都田嗇夫居延長樂〔1〕里石襄〔2〕，年廿七　馬一匹　九月乙卯
　　　　　　　　　　　　　　　　　　　　　　　　　　　　73EJT37：765

【集注】

〔1〕長樂：里名，屬居延縣。

〔2〕石襄：人名，為昭武都田嗇夫。

田卒河南郡密邑宜利〔1〕里公乘鄭不侵〔2〕　　　　　73EJT37：766

【集注】

〔1〕宜利：里名，屬密邑。

〔2〕鄭不侵：人名，為田卒。

廣地卒趙國邯鄲邑里陽成未央〔1〕　貰賣大刀一，賈錢二百五十，都倉□□□

□男子平所　平直百五十　△卩　　　　　　　　　73EJT37：767

【校釋】

　　　高一致（2016B）認為「邑陽」二字互倒。韓鵬飛（2019，1639 頁）認為此處漏寫一「陽」字，應作「邑陽里陽成未央」。今按，或當是「里陽」二字互倒，「邑陽里」為里名。

【集注】

〔1〕成未央：人名，為戍卒。

・右東部　用錢三千三百九十　　　　　　　　　　　73EJT37：768

今餘官未使婢一人　　　　　　　　　　　　　　　73EJT37：769

入弩一、檗丸一　元康三年三月甲寅朔辛酉，關嗇□　　73EJT37：773

【校釋】

　　　「三月甲寅朔」許名瑲（2016C）、（2016G）、（2017A，111 頁），胡永鵬（2016A，186 頁），黃艷萍（2017，155 頁）均認為有誤。今按，說是，或當為原簡書誤。

☑□部甲鞼〔1〕鞮瞀裏簿　　　　　　　　　　　　73EJT37：777

【集注】

〔1〕甲鞼：張再興、黃艷萍（2017，73 頁）：「鞼」應是「鎧」的異體字，指一種用鐵片或革甲製成的軍用護身服。

　　　　今按，其說是。甲鞼即鎧甲。

　　　　　　校郵書表火肩水界中，出入盡十二月

南部候長薛鳳〔1〕

　　　　　　子男鰈得安國〔2〕里薛級〔3〕，年十五（上）

輜車一乘、用馬二匹・其一匹，騮牡、齒七歲

一馬，駹牝、齒八歲（下）　　　　　　　　　　　　　73EJT37：779

【集注】

〔1〕薛鳳：人名，為南部候長。

〔2〕安國：里名，屬觻得縣。

〔3〕薛級：人名，為薛鳳子。

　　　　　　　兄子祿福嘉平〔2〕里溫普〔3〕，年十三　十二月庚午，南，嗇
　　　　　　　夫豐〔4〕入

居延令溫君〔1〕

　　　　　　　馬一匹，騮牡、齒七歲、高五尺七寸半　　　73EJT37：785

【集注】

〔1〕溫君：人名，居延縣令。或「君」為尊稱。

〔2〕嘉平：里名，屬祿福縣。

〔3〕溫普：人名，為溫君兄之子。

〔4〕豐：人名，為關嗇夫。

　　　　　　　葆孫昭武久長〔3〕里小男封明〔4〕，年八歲 」三月甲子入

駮馬〔1〕亭長封並〔2〕

　　　　　　　明弟乃始〔5〕，年四　　　　　　　　　　73EJT37：787

【集注】

〔1〕駮馬：亭名。

〔2〕封並：為駮馬亭長。

〔3〕久長：里名，屬昭武縣。

〔4〕封明：人名，為封並孫。

〔5〕乃始：人名，為封明弟。

☑車二乘，騮牡馬一匹，齒六歲。☑牝馬一匹，齒九歲　　73EJT37：789

☑□廿三、長七尺二寸、黑色　輜車一乘、用馬一匹，十二月甲午出

　　　　　　　　　　　　　　　　　　　　　　　　　73EJT37：796

大婢好〔2〕，長六尺五寸　小奴驪〔3〕，長五尺☑

客田男子解恭〔1〕

　　　　小婢綠〔4〕，長五尺　　☑　　　　　　73EJT37：797

【集注】

〔1〕解恭：人名。

〔2〕好：人名，為大婢。

〔3〕驪：人名，為小奴。

〔4〕綠：人名，為小婢。

　　　丁長卿〔1〕

☑□

　　　朱長樂〔2〕　　　　　　　　　　　　　73EJT37：801

【集注】

〔1〕丁長卿：人名。

〔2〕朱長樂：人名。

安〔1〕葆同里公乘馮未央〔2〕，年十九　長七尺二寸、黑色　　丿　卪

　　　　　　　　　　　　　　　　　　　　　73EJT37：802

【集注】

〔1〕安：人名。

〔2〕馮未央：人名。

☑車一乘　　☑

☑□驊牝、齒七歲、高五尺五寸　　☑　　　73EJT37：804

☑弟豐〔1〕，年十七丿　字少平，八月乙酉，北出　73EJT37：810

【校釋】

　　姚磊（2019E3）綴合簡 73EJT37：536 和該簡。今按，兩簡茬口似不能密合，暫不綴合作一簡。

【集注】

〔1〕豐：人名。

☑卒河南郡新鄭安漢〔1〕里溫奉〔2〕，年卅一　　☑　　　　73EJT37：812

【集注】

〔1〕安漢：里名，屬新鄭縣。

〔2〕溫奉：人名。

☑□里趙應〔1〕，年廿六　　☑　　　　73EJT37：813

【集注】

〔1〕趙應：人名。

居延長樂〔1〕里公孫放〔2〕，年十九　　從王宣☑　　　　73EJT37：814

【集注】

〔1〕長樂：里名，屬居延縣。

〔2〕公孫放：人名。

☑□徐光　　　　73EJT37：817

濟陰定陶西鄉嗇夫中關〔1〕里公乘張廣〔2〕，年卅五、長七尺二寸、黑色，尉
史定〔3〕入Ｊ　　　　3EJT37：822

【集注】

〔1〕中關：里名，屬定陶縣。

〔2〕張廣：人名，為定陶縣西鄉嗇夫。

〔3〕定：人名，為尉史。

☑□年廿六　　Ｊ　　　　73EJT37：825

小婢眉〔1〕，年一歲　　☑　　　　73EJT37：826

【集注】

〔1〕眉：人名，為小婢。

觻得安樂〔1〕里大夫王世〔2〕，年六十五歲　　Ｊ　　☑　　　　73EJT37：827

【集注】

〔1〕安樂：里名，屬𣀒得縣。

〔2〕王世：人名。

戍卒趙國柏人曲周〔1〕里公乘段未央〔2〕，年廿四　　☑　　　　73EJT37：829

【集注】

〔1〕曲周：里名，屬柏人縣。

〔2〕段未央：人名，為戍卒。

☑長四尺五寸　　十二月乙丑，北，嗇夫豐〔1〕出　　　　73EJT37：831

【集注】

〔1〕豐：人名，為關嗇夫。

居延亭長平明〔1〕里不更張廣〔2〕，年廿三、長七尺五寸、黑色，軺車一乘、
用☑
□從者居延□□里大夫徐□，年十二、長五尺四寸、黑色，五月己亥入，七月☑
　　　　　　　　　　　　　　　　　　　　　　　　　73EJT37：833A

亭長廣傳　　☑　　　　　　　　73EJT37：833B

【集注】

〔1〕平明：里名。

〔2〕張廣：人名，為亭長。

戍卒趙國邯鄲東召〔1〕里功孫定〔2〕　　☑　　　　73EJT37：834

【集注】

〔1〕東召：里名，屬邯鄲縣。

〔2〕功孫定：人名，為戍卒。

　　　　　　　　葆鞮汗〔2〕里徐襃〔3〕，年□☑
居延都尉書佐陳嚴〔1〕乀
　　　　　　　　軺車一乘，馬一匹，駹☑　　　　73EJT37：837

【集注】

〔1〕陳嚴：人名，為居延都尉書佐。

〔2〕鞮汗：里名。

〔3〕徐襃：人名。

☑☐　軺車十二乘

☑　　私馬十六匹　七月己卯出　　　　　　　　　73EJT37：838

居延☐☐塢長金城〔1〕里公乘龔憲〔2〕，年卅五　十一月庚☑　73EJT37：840

【集注】

〔1〕金城：里名。

〔2〕龔憲：人名，為塢長。

　　　　　　　　　音〔1〕妻苑君〔2〕，年廿五

☑年卅二　輸雞府

　　　　　　　　車一兩、牛二頭　　　　　　　　　73EJT37：841

【集注】

〔1〕音：人名。

〔2〕苑君：人名，為音妻。

葆東郡茌平邑始里〔1〕公乘呂壽王〔2〕，年廿、長六尺七寸　☐☑

　　　　　　　　　　　　　　　　　　　　　　　　　73EJT37：844

【校釋】

　　「茌」原作「茬」，趙爾陽（2016C）釋。

【集注】

〔1〕始里：里名，屬茌平邑。

〔2〕呂壽王：人名。

句陽高成〔1〕里莊賜之〔2〕，年卅　☑　　　　　　　73EJT37：845

【集注】

〔1〕高成：里名，屬句陽縣。

〔2〕莊賜之：人名。

魯國施里〔1〕不更辛意〔2〕，年卅、長七尺二寸、黑色　十月辛巳入　牛車一
兩☑　　　　　　　　　　　　　　　　　　　　　　　　　73EJT37：847

【集注】

〔1〕施里：里名。

〔2〕辛意：人名。

梁國戍卒薔板里〔1〕大夫華定〔2〕，年廿四　　☑　　　　73EJT37：849

【校釋】

　　「梁」原作「梁」，黃艷萍（2016B，122 頁）、（2018，135 頁）釋。

【集注】

〔1〕板里：里名，屬甾縣。

〔2〕華定：人名，為戍卒。

酒五斗　　☑　　　　　　　　　　　　　　　　　　　　73EJT37：853

熒陽春里〔1〕公士張醢〔2〕，年十五　方相車一乘，駹牝馬一匹、齒十四歲　十
月壬辰，兼騂北亭長並〔3〕出　　　　　　　　　　　　73EJT37：856+927

【校釋】

　　謝坤（2016C）、（2018，134 頁）綴。

【集注】

〔1〕春里：里名，屬熒陽縣。

〔2〕張醢：人名。

〔3〕並：人名，為兼騂北亭長。

茂陵始樂〔1〕里李談〔2〕，年廿八、字君功　乘方箱車、駕騂牡☑
　　　　　　　　　　　　　　　　　　　　　　　　　　73EJT37：858

【集注】

〔1〕始樂：里名，屬茂陵縣。

〔2〕李談：人名。

　　　　　　　　　　　大婢朱憙〔3〕　　☑

河南卷市陰〔1〕里公乘景音〔2〕，年卅

　　　　　　　　　　方箱車一乘、用馬一匹☐☑

　　　　　　　　　　　　　　　73EJT37：859

【集注】

　〔1〕市陰：里名，屬卷縣。

　〔2〕景音：人名。

　〔3〕朱憙：人名，為大婢。

☑　姊子始至〔1〕里張音〔2〕，年廿五代　　　73EJT37：860

【集注】

　〔1〕始至：里名。

　〔2〕張音：人名。

☑手巾二　　☑

☑布七尺五寸卩　　☑　　　　　　　　73EJT37：861

☑☐望安〔1〕隧長歸生〔2〕　　☑　　　　73EJT37：865

【集注】

　〔1〕望安：隧名。

　〔2〕歸生：人名。

戍邊乘橐他曲河〔1〕亭南陽郡葉邑安都〔2〕里柏尚〔3〕，年卅五、會赦事已（上）

輂車一乘

　　　　二月乙丑，南入

牛一頭（下）　　　　　　　　　　　　73EJT37：870

【集注】

　〔1〕曲河：亭名。

　〔2〕安都：里名，屬葉邑。

　〔3〕柏尚：人名。

戍卒趙國柏人高望〔1〕里公乘郭世〔2〕，年廿九　　卩　　　73EJT37：1206+872

【校釋】

　　姚磊（2016A6）、（2017K，162頁）綴。

【集注】

　〔1〕高望：里名，屬柏人縣。

　〔2〕郭世：人名，為戍卒。

☑歲、長七尺五寸黑色丿　　元康二年五月庚（上）

輟車一乘、馬一匹，弩一、矢五十

丿　丿

寅〔1〕入，五月戊申出（下）　　　　　　　　　　　73EJT37：873

【集注】

　〔1〕元康二年五月庚寅：元康，漢宣帝劉詢年號。據徐錫祺（1997，1555頁），元
　　　　康二年五月己巳朔，二十二日庚寅，為公元前64年6月19日。

☑□□長七尺三寸，黑色，步　劍一、大刀一　　　　73EJT37：874

☑　輟車一乘、馬二匹，入　　　　　　　　　　　　73EJT37：887

戍卒隱強始昌〔1〕里公乘朱定〔2〕，年廿九　八月癸亥，北出☑73EJT37：888

【集注】

　〔1〕始昌：里名，屬隱強縣。

　〔2〕朱定：人名，為戍卒。

戍卒觻得富安〔1〕里公乘莊武〔2〕，年廿三　　☑　　　73EJT37：889

【集注】

　〔1〕富安：里名，屬觻得縣。

　〔2〕莊武：人名，為戍卒。

☑滅虜〔1〕隧卒周寬〔2〕　☑　　　　　　　　　　　73EJT37：890

【集注】

　〔1〕滅虜：隧名。

　〔2〕周寬：人名，為戍卒。

後起〔1〕隧長居延累山〔2〕里大夫廉賞〔3〕，年廿四，詣府☑　　73EJT37：891

【集注】

〔1〕後起：隧名。

〔2〕累山：里名，屬居延縣。

〔3〕廉賞：人名，為後起隧長。

茂陵昌德〔1〕里虞昌〔2〕，年☑　　　　　　　　　　　　73EJT37：892

【集注】

〔1〕昌德：里名，屬茂陵縣。

〔2〕虞昌：人名。

・南部永始五年☑　　　　　　　　　　　　　　　　　73EJT37：893

☑字馬，齒四歲、高六尺一寸　十月庚午，南入　　73EJT37：896＋903

【校釋】

林宏明（2016G）、姚磊（2020B，118頁）綴。

服之〔1〕隧卒馬勝之〔2〕　　☑　　　　　　　　　　73EJT37：898

【集注】

〔1〕服之：隧名。

〔2〕馬勝之：人名，為戍卒。

☑卷始利〔1〕里公乘陳憚〔2〕，年廿八　　☑　　　　73EJT37：899

【集注】

〔1〕始利：里名，屬卷縣。

〔2〕陳憚：人名。

☑卒趙國柏安樂〔1〕里公乘郭便〔2〕，年卅五　　☑　　73EJT37：900

【校釋】

「柏」字後黃浩波（2016C）認為漏書「人」。今按，其說是，當為原簡書寫是脫漏。

【集注】

〔1〕安樂：里名，屬柏人縣。

〔2〕郭便：人名，為戍卒。

　　　　　　　　　　　　其五人新傳出　　☑

神爵四年七月丙寅〔1〕，凡吏民十一人　一人復故傳〔2〕出　　☑

　　　　　　　　　　　　四人新傳入　☑　　　73EJT37：910

【集注】

〔1〕神爵四年七月丙寅：神爵，漢宣帝劉詢年號。據徐錫祺（1997，1568 頁），神
　　爵四年七月癸亥朔，四日丙寅，為公曆公元前 58 年 8 月 23 日。

〔2〕復故傳：「復」字意為重複或繼續，相當於「再」，「又」。復故傳即繼續用之前
　　舊的通行證。參簡 73EJT10：339+480「來復傳」集注。

　　　　　　　　　　　　　　　五月辛丑南☑

戍卒昭武步廣〔1〕里不更楊當〔2〕，年廿九　　迎吏奉城官

　　　　　　　　　　　　　　　六月辛酉北，嗇☑
　　　　　　　　　　　　　　　　　　73EJT37：912

【集注】

〔1〕步廣：里名，屬昭武縣。

〔2〕楊當：人名，為戍卒。

☑□□平明〔1〕里徐護〔2〕，年十六

　　　　　　　　　　　　……北出

☑軺車一乘，馬一匹，騮牝、齒七歲、高六尺　　　　73EJT37：914

【校釋】

　　第一行未釋字姚磊（2016D2）補「居延」。今按，補釋可從，但簡文殘泐，字
多不能辨識，當從整理者釋。

【集注】

〔1〕平明：里名。

〔2〕徐護：人名。

☑□　　出錢五十、粟五斗驪軒

☑　　　出錢五十、粟五斗顯美　　　　　　　　　　　　　　73EJT37：915

祿得都里〔1〕大夫周賢〔2〕，年五十八、長七尺二寸、黑色　　☑

　　　　　　　　　　　　　　　　　　　　　　　　　　　73EJT37：920

祿得千秋〔3〕里大夫魯遂〔4〕，年五十、長七尺二寸、黑色　　73EJT37：995

☑□嬰齊〔5〕，年廿七、長七尺二寸、黑色　　　　　73EJT37：1102

【校釋】

　　　以上三簡姚磊（2017D7，208 頁）認為屬同一冊書，當可編連。今按，說是，三簡形制、字體筆迹等一致，內容相關，當屬同一簡冊。

【集注】

〔1〕都里：里名，屬觻得縣，祿得當即觻得。

〔2〕周賢：人名。

〔3〕千秋：里名，屬觻得縣。

〔4〕魯遂：人名。

〔5〕嬰齊：人名。

☑□年十二、長五尺八寸、赤色　　☑　　　　　　　　73EJT37：921

忠〔1〕從弟氏池安定〔2〕里公乘朱福〔3〕，年卅五、長六尺八寸、黑色

　　　　　　　　　　　　　　　　　　　　　　　　　73EJT37：1447+922

【校釋】

　　　姚磊（2016A7）、（2017K，163 頁）綴。

【集注】

〔1〕忠：人名。

〔2〕安定：里名，屬氏池縣。

〔3〕朱福：人名，為忠從弟。

☑年十六、長七尺三寸　　☑　　　　　　　　73EJT37：923

【校釋】

「十」字姚磊（2016D2）認為或可是「廿」「卅」等的殘筆。今按，說或是，該字左半磨滅不可知，當存疑待考。

☑□觻得樂安〔1〕里申嚴〔2〕，年廿☑　　　　73EJT37：924

【集注】

〔1〕樂安：里名，屬觻得縣。

〔2〕申嚴：人名。

☑□十六，已出　乘故革車，駕驪牡馬、齒十八歲　八月庚辰，北出
　　　　　　　　　　　　　　　　　　　　　　73EJT37：926

雒陽臨濕〔1〕里公乘單赦〔2〕，年卅☑　　　　73EJT37：933

【集注】

〔1〕臨濕：里名，屬雒陽縣。

〔2〕單赦：人名。

☑百廿七石二斗☑　　　　　　　　　　　　　73EJT37：939

☑□乘里張襃〔1〕　　……單衣☑　　　　　73EJT37：944

【校釋】

簡首未釋字姚磊（2016D2）補「千」。今按，補釋或可從，但簡牘殘斷，該字僅存少許筆畫，不能確知，當從整理者釋。

【集注】

〔1〕張襃：人名。

戍卒趙國邯鄲曲里〔1〕張錢〔2〕　　正月壬寅入　　☑　　73EJT37：945

【集注】

〔1〕曲里：里名，屬邯鄲縣。

〔2〕張錢：人名，為戍卒。

☑長七尺二寸，步入〔1〕、帶劍　☑　　　　　　　　　73EJT37：947

【集注】

〔1〕步入：步行入關。

☑□客校郵書橐他界中　☑　　　　　　　　　73EJT37：949+1349

【校釋】

姚磊（2016A7）、（2017K，164頁）綴。

☑□車一乘　☑　　　　　　　　　73EJT37：951

昭武高昌〔1〕里張壽〔2〕，廿三刀　車二兩、牛三　正月丁丑出∫　作者觻得
定安〔3〕里龐宣〔4〕，年廿　皆二月甲午入　　　　73EJT37：952

【集注】

〔1〕高昌：里名，屬昭武縣。

〔2〕張壽：人名。

〔3〕安定：里名，屬觻得縣。

〔4〕龐宣：人名。

□山隧卒犁安世〔1〕　　　　　　　　　73EJT37：953

【集注】

〔1〕犁安世：人名，為戍卒。

■右第十三車九人　　　　　　　　　73EJT37：954

【校釋】

「第」字韓鵬飛（2019，1649頁）作「弟」。今按，該字作 形，據字形來看，恐不當為「弟」。

□卒六人□十七石四斗　　　　　　　　　73EJT37：955

居延亭長李兼〔1〕　馬一匹，騮牝、齒五歲　十二月癸卯，北，候史丹〔2〕出
　　　　　　　　　73EJT37：956

【校釋】

「兼」原作「義」，姚磊（2017C6）釋。

【集注】

〔1〕李兼：人名，為居延亭長。

〔2〕丹：人名，為候史。

輜車一乘　　　　　　　　　　　　　　　　　　　73EJT37：957

城勢〔1〕隧長蘇忠〔2〕　　送御史　卩　三月丙寅入，即日出　73EJT37：958

【集注】

〔1〕城勢：隧名。

〔2〕蘇忠：人名，為城勢隧長。

☑　以五月廿七入　☐☑　　　　　　　　　　　　73EJT37：959

【校釋】

「入」字原作「人」，韓鵬飛（2019，1649 頁）釋。

五千三百五十，以給置稍入〔1〕過客威未嘗署卒卒不多錢得☑　73EJT37：960

【集注】

〔1〕稍入：陳直（2009，217 頁）：《周禮・內宰》，「均其稍食，」鄭注，「吏祿廩
也。」有大府「以待稍秣」，鄭注，「芻秣也。」本簡則指吏祿而言。

于豪亮（1961，454 頁）：稍入，官吏祿廩之所入也。

路方鴿（2012，20 頁）：「稍入」即入之小者，具體而言，就是指小額的
收入，與邊塞大宗的收入──賦錢相對應。

郭浩（2013，5 頁）：居延漢簡中，政府賣菱的現金收入常稱為「稍入錢」，
具有每次交易金額較小且頻繁的特點。

李力（2015，104 頁）：「稍入」一詞當為逐漸收入、定期（或按月）繳入
之意。「稍入錢」，即「漸入之錢」，是秦漢政府每月定期收入的款項。

今按，說多是。稍入即小額收入、逐漸收入，非官吏祿廩之所入。

　　　　　　　　　　　　　　　　　　　　　　十二月□□出

居延守左尉李鳳〔1〕、　輺車一乘，馬一匹，騂牡、齒九歲

　　　　　　　　　　　　　　　　　　　　□□月□□入

　　　　　　　　　　　　　　　　　　　　73EJT37：961

【集注】

　〔1〕李鳳：人名，為居延守左尉。

　　　　　其一匹，赤牝、齒十歲

馬二匹　　　　　　　　　　凡四人，八月庚辰，北出

　　　　　其一匹，驪牡、齒十二歲　　　73EJT37：963

毋適〔1〕隧卒郭健〔2〕　　　　　　　　73EJT37：965

【集注】

　〔1〕毋適：隧名。

　〔2〕郭健：人名，為戍卒。

觻得□□里公乘陳□□□□　字中實　十一月己丑，兼亭長並〔1〕入

　　　　　　　　　　　　　　　　　　　　73EJT37：966

【校釋】

　　「並」字原作「出」，姚磊（2017C2）釋。又「實」字圖版作🔲形，或當為
「賓」字。

【集注】

　〔1〕並：人名，為兼亭長。

臨澤〔1〕隧卒□未央　五百　　　　　　73EJT37：967

【集注】

　〔1〕臨澤：隧名。

蜀郡成都縣直陽〔1〕里段壽〔2〕，年十七歲　　　　　　　　73EJT37：969

【集注】

　〔1〕直陽：里名，屬成都縣。

　〔2〕段壽：人名。

田卒濟陰冤句昌成〔1〕里大夫商廣世〔2〕，年卅九　長七尺二寸、黑色　　∫　　丿
　　　　　　　　　　　　　　　　　　　　　　　　　　　73EJT37：970

【校釋】

　　　「丿」原作「丶」，姚磊（2018A1）、（2018E，208頁）釋。又「卅」字姚磊（2018A1）、（2018E，208頁）釋「冊」。今按，「卅」字圖版作 ⿰ 形，當為「卅」字不誤，釋「冊」非。

【集注】

　〔1〕昌成：里名，屬冤句縣。

　〔2〕商廣世：人名，為田卒。

檕得壽貴〔1〕里公乘朱奉親〔2〕，年十四歲、長七尺二寸　　73EJT37：971

【集注】

　〔1〕壽貴：里名，屬檕得縣。

　〔2〕朱奉親：人名。

淺水〔1〕隧長枚良〔2〕　　送御史　卩　　　　　　　　　73EJT37：972

【集注】

　〔1〕淺水：隧名。

　〔2〕枚良：人名，為淺水隧長。

小奴戊，年一歲　卩　　　　　　　　　　　　　　　　　　73EJT37：973

【校釋】

　　　「戊」字原作「成」，韓鵬飛（2019，1650頁）認為當釋「戊」。今按，該字作 ⿰ 形，釋「戊」可信。

肩水壙野〔1〕隧長鄧就〔2〕　　　　　　　　　　　　　　73EJT37：977

【集注】

〔1〕壙野：隧名。

〔2〕鄧就：人名，為壙野隧長。

胡騎苑氏（竹簡）　　　　　　　　　　　　　　　　　　73EJT37：979

田卒河南郡新鄭武成〔1〕里公乘左奉〔2〕，年卅　卩　　73EJT37：982

【集注】

〔1〕武成：里名，屬新鄭縣。

〔2〕左奉：人名，為田卒。

韓宮尉弘從者好畤〔1〕吉陽〔2〕里不更莫于禹〔3〕，年卅九、長七尺四寸、黑
色　癸酉出　　　　　　　　　　　　　　　　　　　　73EJT37：983

【集注】

〔1〕好畤：右扶風屬縣。《漢書・地理志上》：「好畤，垝山在東。有梁山宮，秦始
　　皇起。莽曰好邑。」

〔2〕吉陽：里名，屬好畤縣。

〔3〕莫于禹：人名，為從者。

觻得騎士千秋〔1〕里王護〔2〕，年卅五　　　　　　　　73EJT37：984

【集注】

〔1〕千秋：里名，屬觻得縣。

〔2〕王護：人名，為騎士。

濟陰郡冤句穀里〔1〕呂福〔2〕，年廿六　庸同里大夫呂怒士〔3〕，年廿八、長
七尺二寸、黑色　∫　∫∫　　　　　　　　　　　　　　73EJT37：985

【校釋】

　　「色」字秦鳳鶴（2018B，531 頁）釋作「人」。今按，該字圖版 ，當為
「色」字的草寫。

【集注】

〔1〕穀里：里名，屬冤句縣。

〔2〕呂福：人名。

〔3〕呂怒士：人名。

弘農郡陝宜里〔1〕大夫王定〔2〕，年卅、長七尺二寸、黑色　牛一、車一兩，
弓一、矢五十　　　　　　　　　　　　　　　　　73EJT37：986

【集注】

〔1〕宜里：里名，屬陝縣。

〔2〕王定：人名。

魯國壯里〔1〕士伍悁他〔2〕，年卅五　車二兩、牛四頭　十二月庚申，南，嗇
夫□入　　　　　　　　　　　　　　　　　　　73EJT37：988

【集注】

〔1〕壯里：里名。

〔2〕悁他：人名。

守屬隨訽〔1〕葆　頻陽〔2〕南昌〔3〕里公乘李鳳〔4〕，年廿五　正月庚午，北出
　　　　　　　　　　　　　　　　　　　　　73EJT37：989

【集注】

〔1〕隨訽：人名，為守屬。

〔2〕頻陽：左馮翊屬縣。《漢書・地理志上》：「頻陽，秦厲公置。」顏師古注引應
　　劭曰：「在頻水之陽。」

〔3〕南昌：里名，屬頻陽縣。

〔4〕李鳳：人名。

子男丹〔1〕，年廿三、已出亅　大婢倍〔2〕，年廿、已出　亅　73EJT37：990

【集注】

〔1〕丹：人名。

〔2〕倍：人名，為大婢。

河南滎陽吉陽〔1〕里士伍郭祿〔2〕，年廿五、長七尺四寸、黑色　三年十一月出
73EJT37：991

【集注】

〔1〕吉陽：里名，屬滎陽縣。

〔2〕郭祿：人名。

觻得富里〔1〕不更閭丘橫〔2〕，年卌五、長七尺二寸、黑色　閏月戊午入
73EJT37：992

【集注】

〔1〕富里：里名，屬觻得縣。

〔2〕閭丘橫：人名。

魏郡內黃北安樂〔1〕里大夫程延〔2〕，年五十五　庸同縣同里張後來〔3〕，年卌二、長七尺二寸、黑色　73EJT37：993

【集注】

〔1〕北安樂：當為里名，屬內黃縣。

〔2〕程延：人名。或其後原簡脫一「年」字。

〔3〕張後來：人名。

魏郡內黃東郭〔1〕里大夫隋穰〔2〕，年廿六　長七尺二寸、黑色　丿
73EJT37：994

【集注】

〔1〕東郭：里名，屬內黃縣。

〔2〕隋穰：人名。

觻得守令史壽貴〔1〕里公乘趙駿〔2〕，年廿二、長七尺二寸、黑色。軺車一乘、馬一匹　七月中出☑　73EJT37：996

【集注】

〔1〕壽貴：里名。

〔2〕趙駿：人名，為觻得守令史。

方相一乘

長安囂陵〔1〕里常憚〔2〕，年卅三　　　　　　十一月癸卯，兼亭長並〔3〕入

用馬一匹　　　　　　　73EJT37：997

【集注】

〔1〕囂陵：里名，屬長安縣。

〔2〕常憚：人名。

〔3〕並：人名，為兼亭長。

觻得敬老〔1〕里女子靳敬〔2〕，年十二　十一月乙丑，北出　　73EJT37：998

【集注】

〔1〕敬老：里名，屬觻得縣。

〔2〕靳敬：人名。

所乘用驪牝馬一匹，齒十歲、高六尺二寸、主狗占〔1〕　　　73EJT37：999

【校釋】

「牝」字原作「牝」，黃艷萍（2016B，138 頁）、（2018，138 頁）指出其和簡
73EJT23：58 中的「牝」形體相同，可統一隸為「牝」。韓鵬飛（2019，1651 頁）亦
認為當作「牝」。今按，說是。該字作 ![牝]形，據字形則當作「牝」。

【集注】

〔1〕主狗占：狗或為馬主人名，占即申報。

令史居延千秋〔1〕里大夫左嘉〔2〕，年卅三丿　十月辛未，南，嗇夫豐〔3〕出
（上）

軺車一乘

用馬一匹，驪牡、齒八歲、高六尺（下）　　　73EJT37：1000

【集注】

〔1〕千秋：里名，屬居延縣。

〔2〕左嘉：人名，為令史。

〔3〕豐：人名，為關嗇夫。

將車東郡緒者大夫紀歸〔1〕，年卅六　長七尺二寸、黑色　十月戊寅入　牛車
一兩　癸酉出　╱　　　　　　　　　　　　　　　　　73EJT37：1001

【集注】

〔1〕紀歸：人名。

千秋〔1〕葆京兆新豐〔2〕西宮〔3〕里官大夫被長壽〔4〕，年廿一、長七尺三寸、
黑色　六月乙亥出　╱　　　　　　　　　　　　　　　73EJT37：1002

【集注】

〔1〕千秋：當為人名。

〔2〕新豐：京兆尹屬縣。《漢書‧地理志上》：「新豐，驪山在南，故驪戎國。秦曰
　　驪邑。高祖七年置。」顏師古注引應劭曰：「太上皇思東歸，於是高祖改築城
　　寺街里以象豐，徙豐民以實之，故號新豐。」

〔3〕西宮：里名，屬新豐縣。

〔4〕被長壽：人名。

日勒萬歲〔1〕里華莫如〔2〕，年廿三、長七尺　神爵二年七月中出
　　　　　　　　　　　　　　　　　　　　　　　　　73EJT37：1003

【集注】

〔1〕萬歲：里名，屬日勒縣。

〔2〕華莫如：人名。《急就篇》可見人名「解莫如」，顏師古注曰：「莫如，言無有
　　能如之者也。漢有毛莫如。」

酒泉祿福廣漢〔1〕里公乘孟良〔2〕，年卅
酒泉綏彌工里〔3〕公乘戀便〔4〕，年卅　　　　　　　　73EJT37：1004

【集注】

〔1〕廣漢：里名，屬祿福縣。

〔2〕孟良：人名。

〔3〕工里：里名，屬綏彌縣。

〔4〕戀便：人名。

梁國戍卒䓹樂陽〔1〕里大夫陳德〔2〕，年廿四　╱　╱　　73EJT37：1005

【集注】

〔1〕樂陽：里名，屬甾縣。

〔2〕陳德：人名，為戍卒。

戍卒趙國邯鄲棘里〔1〕張歸〔2〕　　☑　　　　　　73EJT37：1011

【集注】

〔1〕棘里：里名，屬邯鄲縣。

〔2〕張歸：人名，為戍卒。

☑　乘用驈牝馬，齒八歲　　丿　　☑　　　　　　73EJT37：1015

【校釋】

　　「牝」字原作「牡」，韓鵬飛（2019，1652 頁）認為當作「牝」。今按，說是。
該字作 形，據字形則當作「牝」。

☑方箱車一乘、馬一匹　　☑　　　　　　　　　　73EJT37：1016
☑□　皆十一月癸巳入　　　　　　　　　　　　　73EJT37：1017

廣地隧蘇安世〔1〕　　☑　　　　　　　　　　　73EJT37：1018

【集注】

〔1〕蘇安世：人名。

凡出米四斗八升　　☑　　　　　　　　　　　　　73EJT37：1021

南部候史居延安故〔1〕里郭循〔2〕，年廿八　追亡卒　□月辛卯，兼亭長並
〔3〕出　　　　　　　　　　　　　　73EJT37：1026+1515

【校釋】

　　姚磊（2016K，238 頁）綴。

【集注】

〔1〕安故：里名，屬居延縣。

〔2〕郭循：人名，為南部候史。

〔3〕並：人名，為兼亭長。

雒陽廣陽〔1〕里商竝〔2〕，年十八　步☑　　　　　　　73EJT37：1033

【集注】

〔1〕廣陽：里名，屬雒陽縣。

〔2〕商竝：人名。

☑方箱車一乘，八月　八月☑☑嗇夫，南入　　　　　73EJT37：1034

　　　　　　　　　　　　　葆作者同縣樂就〔3〕里公☑
觻得宜安〔1〕里不更郝尊〔2〕，年卅

　　　　　　　　　　車二兩、牛四頭　☑　73EJT37：1036

【集注】

〔1〕宜安：里名，屬觻得縣。

〔2〕郝尊：人名。

〔3〕樂就：里名，屬觻得縣。

☑明　九月己未，勉〔1〕出　☑　　　　　　　　　73EJT37：1038

【集注】

〔1〕勉：當為人名。

☑壽長孺一，直九百　宿〔1〕昆弟靳安世〔2〕　十五人為二石一斗　六斗六
升大　　　　　　　　　　　　　　　　　　　　　73EJT37：1039A
☑□月二月奉　□守丞王卿　　　　　　　　　　　73EJT37：1039B

【校釋】

　　A面「弟」字黃艷萍（2016B，123頁）、（2018，136頁），韓鵬飛（2019，1653
頁）作「第」。今按，該字作 形，據字形當為「第」。但漢簡中「第」「弟」的使
用常存在混同的情況，暫從整理者釋。

【集注】

〔1〕宿：人名。

〔2〕靳安世：人名。

☑□長七尺二寸、黑色　∫　　　　　　　　　　　73EJT37：1041

☑軺車一乘，用馬一匹，騮牝、齒六歲　　　　　　　　73EJT37：1042

☑　傳車一乘、馬二匹，四月戊寅出　　　　　　　　　73EJT37：1043

戍卒昭武市陽〔1〕里公士□豐，年廿八☑　　　　　　73EJT37：1049

【校釋】

　　「廿」字姚磊（2017J4）認為當存疑不釋。今按，姚說可從，該簡右半殘缺，不能確知，此暫從整理者釋。

【集注】

〔1〕市陽：里名，屬昭武縣。

☑□廿五　☑　　　　　　　　　　　　　　　　　　　73EJT37：1050

　　　　　　　　　　　大車一兩
☑當□里共意〔1〕，年卅
　　　　　　　　　　　用牛一　　　　　　　　　　　73EJT37：1477+1053

【校釋】

　　謝坤（2017A，72頁）綴。又未釋字謝坤（2017A，72頁）釋「遂」。今按，補釋或可從，但該字左半殘缺，不能確知，當從整理者釋。

【集注】

〔1〕共意：人名。

　　　　　　　　……
襄澤〔1〕隧　塢南面呼，以作治〔2〕
　　　　　　　狗少一，今以具。（上）
塢上薰鹿盧〔3〕不調利〔4〕，已利。
六石弩一，傷溝中〔5〕，已作治　臨澤〔6〕隧長趙印〔7〕兼
辛未章不知薰火，今以知。（下）　　　　　　　　　73EJT37：1069

【校釋】

　　下欄第一行「薰」原未釋，該字圖版作![薰]，和同簡下欄第三行「薰」字形體相同，因此亦當釋作「薰」。

【集注】

〔1〕襄澤：隧名。

〔2〕以作治：「以」當通「已」，以作治即已經作治。

〔3〕鹿盧：賀昌群（2003B，157頁）：轆轤與桔槔形制雖有別，亦汲水之器，以軸置於木架之上，一端貫長轂，上懸汲水之桶，并有曲木，用手轉之，引取汲器。烽火之轆轤，則為舉烽之用也。

　　　　初師賓（1984B，365頁）：簡文屢見「轉櫨」，「轉櫨毋柅」，疑屬鹿櫨類，上有柅柄，可轉動收放烽索，一旦有警，迅速升烽於竿頂橫木。

　　　　今按，諸說是。「鹿盧」也作「轆轤」等，為利用輪軸原理製成的起重裝置，常用於汲水等。漢簡所見常用於升舉烽火信號。

〔4〕調利：中國簡牘集成編輯委員會（2001J，86頁）：指桔槔轆轤使用正常。

　　　　今按，「調利」即靈活，通暢。《淮南子·泰族訓》：「四枝節族，毛蒸理泄，則機樞調利，百脈九竅，莫不順比。」

〔5〕溝中：據文例來看，應當是弓弩的一部份或弓弩的某一機件，但具體所指尚不明，存疑待考。

〔6〕臨澤：隧名。

〔7〕趙印：人名，為臨澤隧長。

屋闌定里〔1〕公乘尹駿〔2〕，年卅九　字巨君　已出　四月丙戌，北出　　☑
　　　　　　　　　　　　　　　　　　　　　　　　　73EJT37：1077

【集注】

〔1〕定里：里名，屬屋闌縣。

〔2〕尹駿：人名。

候長觻得定國〔1〕里公乘員宗〔2〕，年卅二　△　五月戊寅入　送罷卒府　六月庚戌☑
　　　　　　　　　　　　　　　　　　　　　　　　　73EJT37：1078

【校釋】

　　「員」字原作「貟」，姚磊（2017K，166頁）釋作「員」。今按，說是。「貟」通作「員」，《廣韻·僊韻》：「貟，《說文》作員，物數也。」

【集注】

〔1〕定國：里名，屬觻得縣。

〔2〕員宗：人名，為候長。

武威郡張掖丞從史公乘陵里〔1〕曹奉〔2〕，年五十　　　　　　73EJT37：1079

【集注】

〔1〕陵里：里名。

〔2〕曹奉：人名，為張掖丞從史。

將車河南雒陽褚里〔1〕公乘李定國〔2〕，年廿八　長七尺二寸、黑色　正月己
丑入　牛車一兩　十一月戊申出入　　　　　　73EJT37：1080

【校釋】

「褚」原作「緒」，黃浩波（2018A，118頁）釋。

【集注】

〔1〕褚里：里名，屬雒陽縣。

〔2〕李定國：人名。

京兆尹長安囂陵〔1〕里習萬〔2〕，年五十一、長七尺三寸、黑色　正月丁丑入
　　　　　　　　　　　　　　　　　　　　　　73EJT37：1081

【集注】

〔1〕囂陵：里名，屬長安縣。

〔2〕習萬：人名。

破適〔1〕遂卒鱳得萬年〔2〕里公乘馬□宮，年廿三　見責府　同　十二月乙卯
出入　　　　　　　　　　　　　　　　　73EJT37：1082

【集注】

〔1〕破適：隧名。

〔2〕萬年：里名，屬鱳得縣。

　　　　　　　　　　　　　　　　車一乘
居延臨湖〔1〕塢長尹音〔2〕，年五十六　　　　　　十一月甲辰入
　　　　　　　　　　　　　　　　用一匹　　　73EJT37：1083

【集注】

〔1〕臨湖：塢名，屬居延。

〔2〕尹音：人名，為臨湖塢長。

奉明廣里〔1〕秦護〔2〕，年六十　子幼伋〔3〕，年十八　方相車一乘　用馬一匹
73EJT37：1085

【集注】

〔1〕廣里：里名，屬奉明縣。

〔2〕秦護：人名。

〔3〕幼伋：人名，為秦護子。

子小男益多〔1〕，年十二　　　　　　　　73EJT37：1086

【集注】

〔1〕益多：人名。

依山〔1〕隧卒趙延〔2〕　　　　　　　　　73EJT37：1087

【集注】

〔1〕依山：隧名。

〔2〕趙延：人名，為戍卒。

完城旦徒孫並〔1〕　ノ　十月辛酉，北出　　73EJT37：1088

【集注】

〔1〕孫並：人名，為完城旦。

觻得成漢〔1〕里上造蕭櫐〔2〕，年十五　騾一匹、齒三歲　正月辛酉，南入
73EJT37：1268+1089

【校釋】

姚磊（2016B8）綴。

【集注】

〔1〕成漢：里名，屬觻得縣。

〔2〕蕭櫐：人名。

・右第二車十人　　　　　　　　　　　　　　　　73EJT37：1090

廿七日己亥，宿胡烏〔1〕亭　　　　　　　　　　　73EJT37：1091

【集注】

〔1〕胡烏：亭名。

居延西道〔1〕里陳毌房〔2〕，年卅五　黑色、長六尺三寸　十一月丙☑

　　　　　　　　　　　　　　　　　　　　　　73EJT37：1101

【集注】

〔1〕西道：里名，屬居延縣。

〔2〕陳毌房：人名。

☑□里士伍周望〔1〕，年廿五　　☑　　　　　　73EJT37：1103

【集注】

〔1〕周望：人名。

觻得萬歲〔1〕里莊襃〔2〕，年廿　　☑　　　　　73EJT37：1104

【集注】

〔1〕萬歲：里名，屬觻得縣。

〔2〕莊襃：人名。

關嗇夫居延金城〔1〕里公乘李豐〔2〕，卅八（上）
妻大女君信〔3〕，年卅五
子大女寁〔4〕，年十五　・送迎收責　橐他界☑
子小女倩□（下）　　　　　　　　　　　73EJT37：1105+1315

【校釋】

　　伊強（2016D）綴，綴合後復原下欄第一行「信」字，該字原簡 73EJT37：1105
作「仁」。又「寁」字原作「辵」，該字即「寁」字，此統一作「寁」。

【集注】

〔1〕金城：里名，屬居延縣。

〔2〕李豐：人名，為關嗇夫。

〔3〕君信：人名，為李豐妻。

〔4〕寶：人名，為李豐女。

戍卒夏侯長〔1〕，年卅　行書橐他　　☑　　　　　　73EJT37：1106

【集注】

〔1〕夏侯長：人名，為戍卒。

☑軺車一乘

　　　　　十一月戊午，北，嗇夫豐〔1〕出

☑用馬一匹　　　　　　　　　　　　　　　　　　　73EJT37：1107

【校釋】

　　姚磊（2016A5）、（2017K，161頁）遙綴簡73EJT37：1117與該簡。今按，兩簡形制、字體筆迹等有相一致之處，但肯定不能直接拼合，遙綴亦存可疑之處，或不屬同一簡。

【集注】

〔1〕豐：人名，為關嗇夫。

居延當遂〔1〕里唐偃〔2〕，年十五　　☑　　　　　　73EJT37：1108

【集注】

〔1〕當遂：里名，屬居延縣。

〔2〕唐偃：人名。

河南郡雒陽段里〔1〕公乘封曼□，字偉君　四月甲☑　　73EJT37：1109+1179

【校釋】

　　姚磊（2016B7）綴。

【集注】

〔1〕段里：里名，屬雒陽縣。

■右上黨郡第卅二車　　☑　　　　　　　　　　　　73EJT37：1110

【校釋】

「第」字黃艷萍（2016B，124 頁）、（2018，136 頁）作「弟」。今按，該字作 ![弟]形，據字形當為「弟」。但漢簡中「第」「弟」的使用常存在混同的情況，暫從整理者釋。

梁國戍卒菑樂陽〔1〕里大夫周利〔2〕，年五十二　　☑　　73EJT37：1111

【集注】

〔1〕樂陽：里名，屬菑縣。

〔2〕周利：人名，為戍卒。

令史居延沙陰〔1〕里大夫王嚴〔2〕，年廿九　　☑　　73EJT37：1113

【集注】

〔1〕沙陰：里名，屬居延縣。

〔2〕王嚴：人名，為令史。

茂陵孔嘉〔1〕里公乘□☑　　73EJT37：1114

【集注】

〔1〕孔嘉：里名，屬茂陵縣。

☑□　官牛車一兩　十一月入　　73EJT37：1115

延水令史孫仁☑　　73EJT37：1117

【校釋】

姚磊（2016A5）、（2017K，161 頁）遙綴該簡與簡 73EJT37：1107。今按，兩簡形制、字體筆迹等有相一致之處，但肯定不能直接拼合，遙綴亦存可疑之處，或不屬同一簡。

☑月壬午，北，嗇夫豐〔1〕出　　73EJT37：1118

【集注】

〔1〕豐：人名，為關嗇夫。

悉意〔1〕里王鳳〔2〕，年五十　　☑　　　　　　　　73EJT37：1119

【集注】

〔1〕悉意：里名。

〔2〕王鳳：人名。

出賦錢六百刀　給始安〔1〕隧長李☑　　　　　　　73EJT37：1121

【集注】

〔1〕始安：隧名。

☑　八月丙申出　　　　　　　　　　　　　　　　73EJT37：1122

　　　　　　　　　　　　車二兩、牛三　　☑

昭武擅利〔1〕里弟侯彭且，年廿三

　　　　　　　　見將車　△刀☑　　　　　73EJT37：1123

【校釋】

　　「弟」黃艷萍（2016B，123 頁）、（2018，136 頁）作「第」。今按，該字作 ![字形] 形，據字形當為「第」。但漢簡中「第」「弟」的使用常存在混同的情況，暫從整理者釋。

【集注】

〔1〕擅利：里名，屬昭武縣。

觻得當富〔1〕里萬去疾〔2〕☑　　　　　　　　　73EJT37：1125

【集注】

〔1〕當富：里名，屬觻得縣。

〔2〕萬去疾：人名。

☑　劍一，弩一、矢五十　　　　　　　　　　　73EJT37：1126

☑□十步　能諷薰火品約　刀　　　　　　　　　73EJT37：1129

廣地令史觻得安漢〔1〕里公乘杜破胡〔2〕，年廿七　長七尺五寸、黑色　軺車☑

　　　　　　　　　　　　　　　　　　　　　73EJT37：1130

【集注】

〔1〕安漢：里名，屬觻得縣。

〔2〕杜破胡：人名，為廣地令史。

☑　字翁兄　皆以十一月己酉出　　　　　　　　　　73EJT37：1136

☑四歲、高六尺　三月□□入　　　　　　　　　　　73EJT37：1138

【校釋】

　　姚磊（2016C4）遙綴簡 73EJT37：1386 和該簡。今按，兩簡形制、字體筆迹等存在一致的地方，或可遙綴，但不能直接拼合。

二月癸丑出

☑　葆雲里〔1〕上造曹丹〔2〕，年十七刀

三月癸酉入，南與吏俱吏入

73EJT37：1217+1140

【校釋】

　　姚磊（2016K，237 頁）綴。

【集注】

〔1〕雲里：里名。

〔2〕曹丹：人名。

河南郡熒陽縣蘇里〔1〕公乘□☑　　　　　　　　　73EJT37：1141

【集注】

〔1〕蘇里：里名，屬熒陽縣。

橐他却適〔1〕隧長孟聚〔2〕、子男奉〔3〕等十二人，牛車廿三兩

73EJT37：1425+1347+1142

【校釋】

　　姚磊（2017A6，236 頁）綴。

【集注】

〔1〕却適：隧名。

〔2〕孟聚：姚磊（2017A6，236頁）：「孟聚」和簡37：81中的「孟取」當為同一人。結合兩簡，我們可復原其家庭關係，戶主孟取（孟聚），妻忿，子孟奉，孫孟武。

　　今按，其說是。孟聚為却適隧長。

〔3〕奉：人名，為孟聚子。

　　　牛車一兩

☑符　　　　　　　二月己酉出

　　　弩一、矢五十　　　　　　　　　　　　　　　　73EJT37：1144

☑　十二月☐☑　　　　　　　　　　　　　　　　　73EJT37：1145

肩水司馬令史侯豐〔1〕　十二月辛巳出☐☑　　　　73EJT37：1147

【集注】

〔1〕侯豐：人名，為肩水司馬令史。

　　　　妻觻得長壽〔2〕里大女臧服君〔3〕，年卅五

府守屬臧護〔1〕

　　　　子小男憲〔4〕，年十四𠃌（上）

牛車一兩　正月戊寅出

用牛二　　二月癸卯入（下）　　　　　　　　　　73EJT37：1150

【集注】

〔1〕臧護：人名，為府守屬。

〔2〕長壽：里名，屬觻得縣。

〔3〕臧服君：人名，為臧護妻。

〔4〕憲：人名，為臧護子。

賦閣已歸，東部卒四人，以眾人出船𠃌　　　　　北辟外垣西面☐程　　☑

令士吏將餘卒，持五人食詣駟望〔1〕，并持方鋻矛〔2〕歸之・出船卒閣在府，令夌亭〔3〕卒持☑

各有受閣，令持矛去，並取利絿穿。即持皮來，令持三皮予服胡〔4〕千秋〔5〕，為僵〔6〕治絝　　☑　　　　　　　　　　　73EJT37：1151A

東部三　　　　　　左後三

南部二　　　　　士吏張卿二

北部五　一騎北矛　臨利〔7〕二（上）

歸如意〔8〕卒張同〔9〕，為記遣，令持其歸去ノ　　☑

遣卒盖宗〔10〕詣報胡〔11〕代馬遂〔12〕，令亭□□ノ　　☑

歸禁姦〔13〕卒同〔14〕ノ　　鼓下餘十五石五☑（下）　　　　　73EJT37：1151B

【校釋】

　　A面第一、二行「船」字原均作「舩」，該字實從舟從匕，當為「船」字。第二行「并」原作「並」，黃艷萍（2016B，123頁）釋。又第四行「穿」韓鵬飛（2019，頁）作「窅」。今按，該字作形，據字形似為「窅」，但於文義難通，暫從整理者釋。

【集注】

〔1〕駒望：隧名。

〔2〕方鍪矛：「鍪」可指矛刃下口。《方言》：「骹謂之鍪。」郭璞《注》：「即矛刃下口。」則方鍪矛為刃下口呈方形的矛。

〔3〕袤亭：亭名。

〔4〕服胡：隧名。

〔5〕千秋：人名。

〔6〕僵：似為人名。

〔7〕臨利：隧名

〔8〕如意：隧名。

〔9〕張同：人名，為如意隧卒。

〔10〕盖宗：人名，為戍卒。

〔11〕報胡：似為隧名。

〔12〕馬遂：似為戍卒名。

〔13〕禁姦：隧名。

〔14〕同：人名，為禁姦隧卒。

戍卒觻得新都〔1〕里士伍張詡〔2〕，年廿三　　　☑　　　　　73EJT37：1152

【集注】

〔1〕新都：里名，屬觻得縣。

〔2〕張詡：人名，為戍卒。

戍卒昭武宜眾〔1〕里上造王武〔2〕，年廿三　病　卩⊿　　　73EJT37：1153

【集注】

〔1〕宜眾：里名，屬昭武縣。

〔2〕王武：人名，為戍卒。

觻得市陽〔1〕里公乘王常〔2〕，年卅五、長七尺二寸　　　73EJT37：1154

【集注】

〔1〕市陽：里名，屬觻得縣。

〔2〕王常：人名。

隴西西始昌〔1〕里知實，年廿六、長七尺五寸　黑色　　　73EJT37：1155

【校釋】

　　「實」字作██形，從字形來看，當非「實」。該字漢簡中屢見，基本用作人名，有過多種釋法，如「賓」「實」「賽」「寶」等。由於其一般作人名用，且漢簡中人名用字常見有寫法獨特者，因此尚難以斷定此字究竟為何字。就字形看，其更近於「賽」字。存疑待考。

【集注】

〔1〕始昌：里名，屬西縣。

觻得安定〔1〕里衛宗〔2〕，年廿五丿　長七尺五寸、黑色　　　73EJT37：1156

【集注】

〔1〕安定：里名，屬觻得縣。

〔2〕衛宗：人名。

⊿延年，年卅九、長七尺三寸、黑色　步　丿　　　73EJT37：1157

【校釋】

　　沈思聰（2019，144 頁）綴合簡 73EJT37：470 和該簡。今按，兩簡茬口處不能密合，書寫上亦有不同，簡 73EJT37：470 文字寬扁，十分接近簡牘左右兩側邊緣，而簡該簡文字和左側邊緣之間存有明顯一段空白。因此，兩簡或不能綴合。

☑長七尺二寸、黑色ㄋ　十一月己丑入☑　　　　　　73EJT37：1158

居延延水丞孫就〔1〕　輺車一乘、用馬一匹☑　　　　73EJT37：1159

【集注】

〔1〕孫就：人名，為延水丞。

　　　　　　　　　　　　　　大車一兩　　☑

酒泉西會水富昌〔1〕里公乘郭歜〔2〕，年卌八

　　　　　　　　　　　　　　用牛二頭　　☑73EJT37：1160

【集注】

〔1〕富昌：里名，屬會水縣。

〔2〕郭歜：人名。

　　　　　　　　　　　負☐☑

☑大車一兩　七月丙寅出

　　　　　　　　　　☐☐☑　　　　　　　　73EJT37：1161

河上守候史觻得專心〔1〕里公乘薛遠〔2〕，年廿三，郭迹〔3〕橐他界中，出入
盡十二月　　　　　　　　　　　　　　　　73EJT37：1163

【集注】

〔1〕專心：里名，屬觻得縣。

〔2〕薛遠：人名，為河上守候史。

〔3〕郭迹：中國簡牘集成編輯委員會（2001G，190頁）：發現敵人蹤迹之後，予以
　　專門技術性鑒定確認的步驟。

　　　　　今按，說恐非。待考。

☑☐級，年十八
☑☐，年十七（上）
豐〔1〕郭迹塞外，君級〔2〕、戎〔3〕收責橐他界中，盡十二月止（下）
　　　　　　　　　　　　　　　　　　73EJT37：1168

【集注】

〔1〕豐：人名。

〔2〕君級：人名。

〔3〕戎：人名。

今餘米九石三斗三升　　▨ 　　　　　　　　　　　　73EJT37：1169

甲渠尉史萬臨〔1〕，已入　輼車▨ 　　　　　　　　　73EJT37：1171

【集注】

〔1〕萬臨：人名，為甲渠尉史。

子小男樂〔1〕，年六　　▨ 　　　　　　　　　　　　　73EJT37：1180

【集注】

〔1〕樂：人名。

居延金城〔1〕里男子□▨ 　　　　　　　　　　　　　　73EJT37：1185

【集注】

〔1〕金城：里名，屬居延縣。

觻得廣昌〔1〕里田萬〔2〕，年六十六、字長賓　方相車一乘（上）
用馬一匹，留牡、齒十三歲、高六尺

　　　　　　　　　　　　　　　十二月庚辰，北，嗇夫豐〔3〕
□騎馬一匹，留牝、齒十五歲、高六尺二寸（下）　　73EJT37：1413+1190

【校釋】

　　姚磊（2016C8）綴。

【集注】

〔1〕廣昌：里名，屬觻得縣。

〔2〕田萬：人名。

〔3〕豐：人名，為關嗇夫。

觻得萬年〔1〕里姚宮〔2〕，年卅、字子胥　已出　葆作者步利〔3〕里李就〔4〕，
年卅、字子威　已出 　　　　　　　　　　　　　73EJT37：1324+1192

【校釋】

　　謝坤（2017A，71 頁）綴。

【集注】

〔1〕萬年：里名，屬觻得縣。

〔2〕姚宮：人名。

〔3〕步利：里名。

〔4〕李就：人名。

☑車二乘，馬二匹。其一匹，駹牡、齒六歲　七月癸未，北出，嗇夫欽〔1〕出

73EJT37：1193

【集注】

〔1〕欽：人名，為關嗇夫。

　　　　　　　　　　　　　　　大車一兩

☑　　葆觻得步里〔1〕公乘趙明〔2〕，年十八　　　　　二月丙申出☑

　　　　　　　　　　　　　　　用牛二頭　　　73EJT37：1195

【校釋】

　　未釋字韓鵬飛（2019，1663 頁）作「迹」。今按，說或是，但該字圖版模糊不清，不能確知，暫從整理者釋。

【集注】

〔1〕步里：里名，屬觻得縣。

〔2〕趙明：人名。

■上黨郡神爵五年戍卒名籍　　　　　　　73EJT37：1448A＋1197A
■上黨郡神爵五年戍卒名籍　　　　　　　73EJT37：1448B＋1197B

【校釋】

　　何有祖（2016D）綴。

☑五斗・又前送城尉酒石二斗　章子元〔1〕十四・凡四百八十四

73EJT37：1201

【集注】

〔1〕章子元：人名。

張掖郡□甲卒觻得樂安〔1〕里公士嚴中……　　▨　　　73EJT37：1205

【校釋】

　　「甲」字原作「田」，趙爾陽（2018A）認為其當釋「甲」。今按，該字作▨

形，從字形來看確為「甲」，又漢簡中釋作「田卒」的「田」寫成「甲」的情況還有

出現，因此其或存在有「甲卒」這樣一種卒。此從趙爾陽（2018A）釋。

【集注】

〔1〕樂安：里名，屬觻得縣。

▨雒陽安國〔1〕里大夫樊辯〔2〕，年卅四、長七▨　　　73EJT37：1209

【集注】

〔1〕安國：里名，屬雒陽縣。

〔2〕樊辯：人名。

▨　盡十二月止	73EJT37：1211
▨□年卅　▨	73EJT37：1212
凡百卅二人　▨	73EJT37：1214
▨　傳致籍	73EJT37：1215
▨　尺三寸	73EJT37：1219

河南雒陽榆壽〔1〕里不更史勢〔2〕，年卅、長七尺二寸、黑▨　73EJT37：1220

【集注】

〔1〕榆壽：里名，屬雒陽縣。

〔2〕史勢：姚磊（2017J3）：從73EJT37：1220、73EJT37：1445兩簡可知雒陽榆壽
　　里的「史勢」在邊地至少六年……本為外地籍貫卻生活於此，分析可能性有
　　三，一是戍守邊地未歸故里，二是「客田」於此，三是移民於此。筆者傾向是
　　第二種，一是漢簡中有很多「客田」記載，二是「史高」年十五便在邊地，遠
　　未到戍卒徵發的年齡，三是他們並未改變籍屬為張掖郡，仍是「河南洛陽」。
　　　　今按，其說或是。史勢為人名。

受延〔1〕隧卒周蒼〔2〕　　☑　　　　　　　　　　73EJT37：1221

【集注】

〔1〕受延：隧名。

〔2〕周蒼：人名，為戍卒。

南陽宛邑令史段護〔1〕大奴全□☑　　　　　　　73EJT37：1222

【集注】

〔1〕段護：人名，為南陽宛邑令史。

☑□禁姦〔1〕隧長贏〔2〕　　　　　　　　　　73EJT37：1223

【集注】

〔1〕禁姦：隧名。

〔2〕贏：人名，為禁姦隧長。

緣薦〔1〕四、皁布緣　　☑　　　　　　　　　73EJT37：1226

【集注】

〔1〕緣薦：「薦」為席、墊。《廣雅・釋器》：「薦，席也。」「緣」為飾邊。則緣薦

　　　為有邊飾的席墊。

☑軺車一乘、馬一匹，二月己酉出　　　　73EJT37：1228＋1346

☑□貞，年卅六　　☑　　　　　　　　　　73EJT37：1231

☑十九人　　　　　　　　　　　　　　　73EJT37：1234

☑豐佐仁〔1〕送客、行書橐他界中，出入盡十二月☑　73EJT37：1247＋1235

【校釋】

　　姚磊（2016A8）、（2017K，164頁）綴。

【集注】

〔1〕仁：人名，為佐。

☑彐車牛一兩☑　　　　　　　　　　　　73EJT37：1236

子男觻得步利〔1〕里張林〔2〕，年十三、黑色　長五尺七寸　　☑

73EJT37：1238+1323

【校釋】

姚磊（2017A6，233 頁）綴合。

【集注】

〔1〕步利：里名，屬觻得縣。

〔2〕張林：人名。

☑牛車一兩　　☑　　　　　　　　　　　　　　　73EJT37：1241

☑　車二兩□☑　　　　　　　　　　　　　　　73EJT37：1243

戍卒淮陽國甯平邑☑　　　　　　　　　　　　　73EJT37：1244

田卒濟陰郡定陶前安〔1〕里不更李千秋〔2〕☑　　73EJT37：1246

【集注】

〔1〕前安：里名，屬定陶縣。

〔2〕李千秋：人名，為田卒。

戍卒南陽郡宛邑道□☑　　　　　　　　　　　　73EJT37：1250

戍卒淮陽國苦□☑　　　　　　　　　　　　　　73EJT37：1251

【校釋】

姚磊（2020B，120 頁）綴合該簡和簡 73EJT37：1328。今按，兩簡不能直接拼
合，或可遙綴。

☑田卒河南郡密邑長明〔1〕里杜賢〔2〕，年卅　刂 73EJT37：1258+1291+1392

【校釋】

簡 73EJT37：1258+1291 整理者綴，姚磊（2020B，117 頁）、（2018E，26 頁）
又綴 73EJT37：1392。

【集注】

〔1〕長明：里名。

〔2〕杜賢：人名。

☑里陳安世〔1〕大婢財〔2〕，年廿二、長六尺七寸☑　　73EJT37：1263+1300

【校釋】

　　姚磊（2016B8）綴。

【集注】

　〔1〕陳安世：人名。

　〔2〕財：人名，為大婢。

出錢千八百　　☑　　　　　　　　　　　　　73EJT37：1264

・右一人輸晢□☑　　　　　　　　　　　　　73EJT37：1265

居延鞮汗〔1〕里□☑　　　　　　　　　　　73EJT37：1267

【集注】

　〔1〕鞮汗：里名，屬居延縣。

卒史奴輒☑　　　　　　　　　　　　　　　　73EJT37：1272

☑其一人養　　☑

☑定作九人，得菱六十五束，率人七十五□☑　73EJT37：1308+1277

【校釋】

　　姚磊（2016K，236頁）綴，綴合處補釋「六十五」的「十」字。

☑夫莊況〔1〕，年卅　　☑　　　　　　　　73EJT37：1286

【集注】

　〔1〕莊況：人名。

☑九人　　　　　　　　　　　　　　　　　　73EJT37：1287

☑齒十五歲　以□☑　　　　　　　　　　　　73EJT37：1289

☑歲、長七尺二寸、黑☑　　　　　　　　　　73EJT37：1295

☑□弩一、矢卅☑　　　　　　　　　　　　　73EJT37：1298

☑年卅一　　☑　　　　　　　　　　　　　　73EJT37：1305

【校釋】

　　姚磊（2017M，189 頁）綴合簡 73EJT37：309 和該簡。今按，兩簡或可綴合，但兩簡均僅存左半文字，缺乏更多相關信息，不確定是否能綴合。

☑出錢六十，王殷〔1〕貸　☑
☑出錢三百卌，王譚〔2〕貸　☑
☑出錢百一十，王武〔3〕貸　☑　　　　　　　　73EJT37：1307A
☑□二石八斗，又麥一石　☑　　　　　　　　73EJT37：1307B

【集注】

〔1〕王殷：人名。

〔2〕王譚：人名。

〔3〕王武：人名。

☑出錢卌七，常良〔1〕貸　　出錢十五，侯盧〔2〕貸　☑
☑出錢七十一，陳功〔3〕貸　　出錢十四，郭良〔4〕貸　☑
☑出錢二百七十七，李放〔5〕貸　凡九百卌四　☑　　73EJT37：1312A
☑　大凡千一百七十四　☑　　　　　　　　　73EJT37：1312B

【校釋】

　　謝坤（2016H）認為 73EJT37：1307 和 73EJT37：1312 或可綴合或連讀。由於兩支簡的首尾處經刀削的痕迹較為明顯，且二者的荏口並不能較好地吻合，因此難以判斷兩支簡是否能直接拼合。也有可能原屬同一支簡，後被人削成兩個部分。不過二者可以連讀當無問題。今按，其說當是。

【集注】

〔1〕常良：人名。

〔2〕侯盧：人名。

〔3〕陳功：人名。

〔4〕郭良：人名。

〔5〕李放：人名。

☑　　　　　　年二歲乀
☑　　　　　　　五乀　正月癸酉，北出

☑　大婢益息〔1〕，長七尺乀（上）乀

伏匿車一乘乀

馬一匹，騂牝，齒六歲、高五尺八寸乀

馬一匹，驪牝、齒十五歲、高六尺乀

葆……（下）　　　　　　　　　　　　　　73EJT37：1313+1405

【校釋】

　　林宏明（2016H）綴。

【集注】

〔1〕益息：人名，為大婢。

戍卒趙國邯鄲平阿〔1〕里吳世☑　　　　　　73EJT37：1317

【集注】

〔1〕平阿：里名，屬邯鄲縣。

戍卒南陽郡葉昌里〔1〕楊意〔2〕，年卅九　　☑　　73EJT37：1318

【集注】

〔1〕昌里：里名，屬葉縣。

〔2〕楊意：人名，為戍卒。

戍卒淮陽國甯平故市〔1〕里大夫丁臣〔2〕，年卅☑　　73EJT37：1319

【集注】

〔1〕故市：里名，屬甯平縣。

〔2〕丁臣：人名，為戍卒。

戍卒濟陰郡桂邑〔1〕千秋〔2〕里大夫左實〔3〕，年卅、長七尺☑

73EJT37：1320

【集注】

〔1〕桂邑：鄭威（2018，533頁）：考《漢志》濟陰郡下有乘氏縣，其縣附近有
　　　桂城，乃齊魏桂陵之戰發生地，疑桂邑地望在此……《括地志》所載之「桂
　　　城」在縣東北不遠，即今菏澤市東，在漢乘氏縣以西，正好位於漢濟陰郡
　　　的中部，簡文所載的「桂邑」或許在此。

　　趙爾陽（2019，167頁）：桂陵地處漢濟陰郡境內，至北魏酈道元時桂城
仍存，桂城位於唐宋乘氏縣東北二十一里（今山東省菏澤市牡丹區牡丹街道
辦）。兩漢正史及《漢志》《續漢志》雖未記載「桂城」或「桂邑」，但通過魏
晉以後的文獻梳理和地望分析，肩水金關漢簡中提到的「濟陰郡桂邑」其地當
是戰國時的桂城（桂陵），在西漢後期曾短暫設置為「桂邑」，估計存在的時間
當不長，旋置旋廢，故在《漢志》中未留下記載。

　　今按，說或是。據此簡桂邑為濟陰郡所屬縣邑。

〔2〕千秋：里名，屬桂邑。

〔3〕左實：人名，為戍卒。

☐夫高安國〔1〕，年廿四、長七尺二寸、黑☐　　　　　　　　73EJT37：1321

【集注】

〔1〕高安國：人名。

☐高六尺　……　　　　　　　　　　　　　　　　　　　　　73EJT37：1322

居延亭長延年〔1〕里大夫陳輔〔2〕，年廿三、長七尺三寸、黑色

　　　　　　　　　　　　　　　　　　　　　　　　　　　73EJT37：1325

【集注】

〔1〕延年：里名。

〔2〕陳輔：人名，為亭長。

從者安樂〔1〕里大夫薛市〔2〕，年廿九　長七尺五寸、黑色☐

　　　　　　　　　　　　　　　　　　　　　　　　　　　73EJT37：1326

【集注】

〔1〕安樂：里名。

〔2〕薛市：人名，為從者。

☐日置佐威〔1〕受卒趙訒〔2〕　　　　　　　　　　　　　73EJT37：1327

【集注】

〔1〕威：人名，為置佐。

〔2〕趙訒：人名，為戍卒。

▨□里公大夫陳得〔1〕，年卌五、長七尺二寸、黑色▨　73EJT37：1328

【校釋】

姚磊（2020B，120 頁）綴合簡 73EJT37：1251 和該簡。今按，兩簡不能直接拼合，或可遙綴。

【集注】

〔1〕陳得：人名。

積落〔1〕隧卒孫建〔2〕　五石▨　73EJT37：1329

【集注】

〔1〕積落：隧名。

〔2〕孫建：人名，為戍卒。

雒陽謝里〔1〕不更尹□▨　73EJT37：1330

【集注】

〔1〕謝里：里名，屬雒陽縣。

觻得騎士成漢〔1〕里張安〔2〕　▨　73EJT37：1331

【集注】

〔1〕成漢：里名，屬觻得縣。

〔2〕張安：人名，為騎士。

▨□長七尺二寸、黑色　ㄗ▨　73EJT37：1332

觻得東鄉敬兄〔1〕里□▨　73EJT37：1333

【集注】

〔1〕敬兄：里名，屬觻得縣。

▨長七尺二寸、黑色小䰅，衣皁繒襲、白布襜褕　劍一　▨　73EJT37：1334

表是常樂〔1〕里□宣，年廿三　▨　73EJT37：1336

【集注】

〔1〕常樂：里名，屬表是縣。

輺車一乘　　☑

居延亭長孫婁〔1〕

馬一匹　　☑　　　　　　　　　　73EJT37：1337

【校釋】

第一行「乘」原作「兩」，黃悅（2017）、（2019，204頁）釋。

【集注】

〔1〕孫婁：人名，為亭長。

☑☑　車牛一兩☑　　　　　　　　73EJT37：1338

☑中部五鳳三年正月吏卒被兵簿　　73EJT37：1339

☑　正月壬寅入　　　　　　　　　73EJT37：1341

☑安故〔1〕里左賢〔2〕，年廿三

十一月甲申，南，關佐音〔3〕入

☑☑　　　　　　　　　　　　　　73EJT37：1342

【校釋】

第一行「安」原未釋，姚磊（2016D2）釋。

【集注】

〔1〕安故：里名。

〔2〕左賢：人名。

〔3〕音：人名，為關佐。

☑　步入，以二月出　☑　　　　　73EJT37：1343

☑卒段德〔1〕為取　☑　　　　　　73EJT37：1344

【集注】

〔1〕段德：人名，為戍卒。

☑　以食登山〔1〕隧卒孟長安〔2〕三月☑　　73EJT37：1345

【集注】

〔1〕登山：隧名。

〔2〕孟長安：人名，為戍卒。

☑□媛心　∫　☑　　　　　　　　　　　73EJT37：1351

郭迹塞外橐他界中☑　　　　　　　73EJT37：1361+1353+1358

【校釋】

　　簡73EJT37：1353+1358原整理者綴。又簡73EJT37：1361與簡73EJT37：1353
茬口吻合，綴合後可復原「塞」字，因此以上三簡當綴合。姚磊（2020B，119頁）
亦綴。

☑里大夫宋之☑　　　　　　　　　　73EJT37：1356
☑□三千☑　　　　　　　　　　　　　73EJT37：1357

冤句廣里〔1〕大夫☑　　　　　　　　73EJT37：1359

【校釋】

　　姚磊（2017M，192頁）綴合簡73EJT37：1335和該簡。今按，兩簡似可綴合，
但兩簡茬口均較整齊，且該簡上端完整，不似斷裂處，其也可能不能綴合。

【集注】

〔1〕廣里：里名，屬冤句縣。

騎士成漢〔1〕里□☑　　　　　　　　73EJT37：1362

【集注】

〔1〕成漢：里名。

　　居延富昌〔1〕里☑
見
　　……　☑　　　　　　　　　　　73EJT37：1370

【集注】

　　〔1〕富昌：里名，屬居延縣。

☑食盡十二月十日　　☑ 　　　　　　　　　　　　73EJT37：1371

長安水上〔1〕里丁宣〔2〕，年卅五　乘蘭輿車〔3〕，驪牡馬一匹，齒十二歲、高
五尺八寸☑ 　　　　　　　　　　　　　　　　　　　73EJT37：1381

【校釋】

「宣」高一致（2016B）釋「宜」。今按，該字圖版作▨形，漢簡「宣」和
「宜」字形體往往相似，不易區分，此暫從整理者釋。

【集注】

〔1〕水上：里名，屬長安縣。

〔2〕丁宣：人名。

〔3〕蘭輿車：裘錫圭（1981B，32 頁）：蘭車，闌輿車大概都是指車輿沒有皮革或
　　繒帛裹覆，木欄裸露在外的車子。這種車，統治者只在有喪事時使用，一般人
　　大概不會有這種限制。

　　　　今按，說是。「蘭」和「闌」通。《後漢書・酷吏列傳・董宣》：「詔遣使者
　　臨視，唯見布被覆屍，妻子對苦，有大麥數斛、敝車一乘。」李賢注曰：「《謝
　　承書》曰『有白馬一匹，蘭輿一乘』也。」

☑二寸、黑色　輣車二乘、馬三匹・弓一、矢卅 　　　　73EJT37：1382
☑牛車一兩　劍一，弓一、矢五十 　　　　　　　　　　73EJT37：1383
☑丿　牛車一兩
☑　　用牛二頭 　　　　　　　　　　　　　　　　　　　73EJT37：1384
☑□五年四月　車牛一兩 　　　　　　　　　　　　　　73EJT37：1385

河南落陽東鄉上言〔1〕里趙武〔2〕，年廿九　馬一匹，騧白牡☑
　　　　　　　　　　　　　　　　　　　　　　　　　　73EJT37：1386

【校釋】

姚磊（2016C4）遙綴該簡和簡 73EJT37：1138。今按，兩簡形制、字體筆迹等
存在一致的地方，或可遙綴，但不能直接拼合。

【集注】

〔1〕上言：里名，屬雒陽縣。

〔2〕趙武：人名。

☑□隧長孫昌〔1〕　去署亡　　　　　　　　　　　73EJT37：1387

【集注】

〔1〕孫昌：人名，為隧長。

☑長七尺五寸　十二月己酉出　　☑　　　　　　　73EJT37：1388

居延城倉令史陽里〔1〕公乘徐占〔2〕，年廿七　長七尺五寸、黑色☑
　　　　　　　　　　　　　　　　　　　　　　　73EJT37：1389

【集注】

〔1〕陽里：里名。

〔2〕徐占：人名，為居延城倉令史。

☑□游安世〔1〕，年卅六黑色、長七尺二寸　二月甲午出　亅73EJT37：1390

【集注】

〔1〕游安世：人名。

☑□得，卅二　　　　　　　　　　　　　　　　　73EJT37：1393

充〔1〕保巍郡陰安〔2〕倉正〔3〕里士五張武〔4〕，年卅□□☑　73EJT37：1394

【校釋】

「巍」原作「魏」，高一致（2016B）釋。

【集注】

〔1〕充：人名。

〔2〕陰安：魏郡屬縣。

〔3〕倉正：里名，屬陰安縣。

〔3〕張武：人名。

☑里李弘〔1〕，年廿七　□☑　　　　　　　　　73EJT37：1395

【集注】

〔1〕李弘：人名。

表是常樂〔1〕里公乘陳宣〔2〕，年廿☑　　　　　　73EJT37：1399A
表是　　☑　　　　　　　　　　　　　　　　　　73EJT37：1399B

【集注】

〔1〕常樂：里名，屬表是縣。

〔2〕陳宣：人名。

　　　　　　　　妻大女君以〔2〕，年卅　☑
肩水庫嗇夫王護〔1〕　子大男鳳〔3〕，年十七　☑
　　　　　　　　子大男襃〔4〕，年十六　☑　　　73EJT37：1406

【集注】

〔1〕王護：人名，為肩水庫嗇夫。

〔2〕君以：人名，為王護妻。

〔3〕鳳：人名，為王護子。

〔4〕襃：人名，為王護子。

　　　　　　其一☐　☑
八尺平二
　　　　　一☐　☑　　　　　　　　　　　　　73EJT37：1412

田卒河南郡密邑東平〔1〕里陳憙〔2〕，年卅四☑　　73EJT37：1415

【集注】

〔1〕東平：里名，屬密邑。

〔2〕陳憙：人名，為田卒。

☑☐長七尺五寸、黑色　軺車一乘、馬一匹　五月丁亥出　73EJT37：1417

☑嗇夫豐〔1〕出　車☐☑　　　　　　　　　　73EJT37：1422

【集注】

〔1〕豐：人名，為關嗇夫。

☑☐守府　八月乙丑入　　　　　　　　　　　73EJT37：1424
☑☐月六日出　持皁袍一領　　　　　　　　　73EJT37：1426

　　　　　　　　車二兩

子大夫永〔1〕，年廿七

　　　　　　　用馬三匹　　　　　　　　　　　　73EJT37：1427

【集注】

〔1〕永：人名。

鱳得長秋〔1〕里杜買〔2〕　　弓　　牛　　　　　73EJT37：1428

【集注】

〔1〕長秋：里名，屬鱳得縣。

〔2〕杜買：人名。

令史居延孤山〔1〕里常熙〔2〕，年卌　送客、校書橐他界中　73EJT37：1430

【集注】

〔1〕孤山：里名，屬居延縣。

〔2〕常熙：人名，為令史。

戍卒隱強成陽〔1〕里公乘尹曼〔2〕，年卌二　丿　73EJT37：1431

【集注】

〔1〕成陽：里名，屬隱強縣。

〔2〕尹曼：人名，為戍卒。

肩水郵卒董習〔1〕　　行書橐他界中，盡十二月　73EJT37：1432

【集注】

〔1〕董習：人名，為郵卒。

居延都尉守屬趙武〔1〕，年卌五　乘輣車一乘，用馬一匹，騩牡、齒四歲、高
五尺☒　　　　　　　　　　　　　　　　　　73EJT37：1443

【集注】

〔1〕趙武：人名，為居延都尉守屬。

河南郡雒陽榆壽〔1〕里不更史勢〔2〕，年廿四、長七尺二寸、黑色　五月辛☑

　　　　　　　　　　　　　　　　　　　　73EJT37：1445

【集注】

　〔1〕榆壽：里名，屬雒陽縣。

　〔2〕史勢：人名。

轢得富里〔1〕公乘孫捐之〔2〕，年廿、長七尺二寸、黑色　　☑

　　　　　　　　　　　　　　　　　　　　73EJT37：1446

【集注】

　〔1〕富里：里名，屬轢得縣。

　〔2〕孫捐之：人名。

☑　乘方相車駕☐　孔長伯〔1〕任

　　　　　　　　　七月戊午入

☑　其一牛，墨介、齒八歲ㄟ　　　　　73EJT37：1455

【集注】

　〔1〕孔長伯：人名。

張掖肩水東望〔1〕隧長轢得敬老〔2〕里不更騩惲〔3〕　　☑　73EJT37：1458A

☐☐　　☑　　　　　　　　　　　　　　73EJT37：1458B

【集注】

　〔1〕東望：隧名。

　〔2〕敬老：里名，屬轢得縣。

　〔3〕騩惲：人名，為東望隧長。

田卒河南郡新鄭章陽〔1〕里公乘朱兄〔2〕，年卅☑　73EJT37：1459

【校釋】

　　「卅」字姚磊（2018A1）、（2018E，207頁）認為當存疑不釋。今按，姚說可從，該簡簡末端殘缺，「卅」字不可辨識，宜存疑不釋。

【集注】

〔1〕章陽：里名，屬新鄭縣。

〔2〕朱兄：人名，為田卒。

鸝陰佐王匡〔1〕，年十八　已出　☒　　　　　　　　73EJT37：1461

【校釋】

　　「鸝陰」原作「鶉陰」。所謂「鶉陰」又見於簡 73EJT8：35 和簡 73EJT37：698，趙爾陽（2016A）認為其均當釋「鸝陰」，說甚是。該簡「鸝」字作 [圖] 形，亦當釋「鸝」無疑，據改。

【集注】

〔1〕王匡：人名，為鸝陰佐。

　　　　　　　　妻屋蘭宜春〔2〕里大女吾阿〔3〕，年卅　　☐☒
橐他隧長吾惠〔1〕葆
　　　　　　　　阿父昭武萬歲〔4〕里大男胡良〔5〕，年六十九☒
　　　　　　　　　　　　　　　　　　　　73EJT37：1463

【校釋】

　　姚磊（2017M，195 頁）綴合該簡和簡 73EJT37：402。今按，兩簡或可綴合，但茬口不能十分密合，暫不綴作一簡。

【集注】

〔1〕吾惠：人名，為隧長。

〔2〕宜春：里名，屬屋蘭縣。

〔3〕吾阿：人名，為吾惠妻。

〔4〕萬歲：里名，屬昭武縣。

〔5〕胡良：人名，為吾阿父。

曲河〔1〕亭長昭武長壽〔2〕里公乘李音〔3〕，年廿九　御史　☒
　　　　　　　　　　　　　　　　　　　　73EJT37：1464

【集注】

〔1〕曲河：亭名。

〔2〕長壽：里名，屬昭武縣。

〔3〕李音：人名，為曲河亭長。

益池〔1〕里公乘王壽〔2〕，年卅八、長七尺、黑☑　　　　　73EJT37：1465

【集注】

〔1〕益池：里名。

〔2〕王壽：人名。

觻得定安〔1〕里趙勳〔2〕，年卅五　車一輛、牛二頭　十二月癸亥，北出☑
　　　　　　　　　　　　　　　　　　　　　　　　　73EJT37：1466

【集注】

〔1〕定安：里名，屬觻得縣。

〔2〕趙勳：人名。

☑正月癸未入　　　　　　　　　　　　　　　　　　　73EJT37：1469

☑□□東平陽里〔1〕公乘呂□，年廿□　　☑　　　　73EJT37：1470

【集注】

〔1〕陽里：里名。

☑□　　入　　　　　　　　　　　　　　　　　　　　73EJT37：1474

☑　葵子〔1〕五升，直廿

☑　……　　　　　　　　　　　　　　　　　　　　73EJT37：1479

【集注】

〔1〕葵子：薛英群、何雙全、李永良（1988，40頁）：即今日之向日葵籽。《左傳》
　　　成公十七年云：「鮑莊子之知不如葵，葵猶能衛其足。」杜注云：「葵，傾業向
　　　日，以蔽其根。」

　　　　中國簡牘集成編輯委員會（2001G，10頁）：葵子，葵迺古代蔬菜，亦稱
　　　葵菹。明李時珍《本草綱目・草五・葵》：「葵菜古人種為常食，今之種者頗鮮。
　　　有紫莖、白莖二種，以白莖為勝。大葉小花，花紫黃色，其最小者名鴨腳葵。

其實大如指頂，皮薄而扁，實內子輕虛如榆莢仁。」一說「葵子」即今日向日
葵籽。

今按，諸說多是。葵在漢簡中一般指葵菜。

☑字曼卿，八月丁卯出　　　　　　　　　　　　　73EJT37：1486

戍卒上黨郡穀遠〔1〕爵氏〔2〕里公乘高安平〔3〕　年廿五、長七尺一寸、黑色　㇐

　　　　　　　　　　　　　　　　　　　　　　　73EJT37：1492

【集注】

〔1〕穀遠：上黨郡屬縣。

〔2〕爵氏：里名，屬穀遠縣。

〔3〕高安平：人名，為戍卒。

弘農郡陝縣中里〔1〕張忠〔2〕，年卅五、長七尺二寸、黑色　73EJT37：1493

【集注】

〔1〕中里：里名，屬陝縣。

〔2〕張忠：人名。

左後部建平二年　行塞亭隧名　　　　　　　　　　73EJT37：1494

觻得敬老〔1〕里士伍何偉〔2〕，字上、年五十二　車一兩、用牛二

　　　　　　　　　　　　　　　　　　　　　　　73EJT37：1495

【集注】

〔1〕敬老：里名，屬觻得縣。

〔2〕何偉：人名。

淮湯陳國朱里〔1〕蔡畢〔2〕　㇆　　　　　　　73EJT37：1496

【集注】

〔1〕朱里：黃浩波（2016C）：陳縣國朱里。T37：1496 作淮湯；陳國朱里，或亦可
　　理解為陳國、朱里。

　　　　今按，說是。似朱里為里名。

〔2〕蔡畢：人名。

粱國戌卒薔□中里大夫桓志〔1〕，年卌五　　丿　丿　　　　　73EJT37：1497

【集注】

〔1〕桓志：人名。

茂陵精期〔1〕里女子聊碧〔2〕，年廿七　輺車一乘、馬一匹　　三月癸亥入
　　　　　　　　　　　　　　　　　　　　　　　　　　　　73EJT37：1505

【集注】

〔1〕精期：里名，屬茂陵縣。

〔2〕聊碧：人名。

大車一兩

雜里〔1〕女子張驕〔2〕，年卌五
　　　　　　　　　　用牛一，黑犗、齒九歲　　73EJT37：1506

【集注】

〔1〕雜里：里名。

〔2〕張驕：人名。

肩水都尉孫賞〔1〕　　未到　十一月乙卯，南，嗇夫豐〔2〕入　73EJT37：1508

【集注】

〔1〕孫賞：人名，為肩水都尉。

〔2〕豐：人名，為關嗇夫。

葆卅井里九百同〔2〕

居延司空佐張黨〔1〕　　　　　　　　　十月壬午，北，嗇夫豐〔3〕出
　　　　　　　輺車一乘、馬一匹　　　　　　　　73EJT37：1509

【集注】

〔1〕張黨：人名，為居延司空佐。

〔2〕九百同：當為人名。

〔3〕豐：人名，為關嗇夫。

茂陵常賀〔1〕里公乘莊永〔2〕，年廿八　　▨　　　　　　73EJT37：1511

【集注】

〔1〕常賀：里名，屬茂陵縣。

〔2〕莊永：人名。

　　　　　　　　　　　　　　　　　　　　　二月食稟臨利倉　　☑

臨利〔1〕卒鱳得長秋〔2〕里閔奄〔3〕，年廿三

　　　　　　　　　　　　　　　　　　　　　三月食已稟　　☑

　　　　　　　　　　　　　　　　　　　　　　　　73EJT37：1512

【校釋】

　　　兩「稟」字原均作「廩」，黃艷萍（2016B，123 頁）、（2018，136 頁）釋。

【集注】

〔1〕臨利：當為隧名。

〔2〕長秋：里名，屬鱳得縣。

〔3〕閔奄：人名，為戍卒。

☑辛酉出關　　　　　　　　　　　　　　　　　73EJT37：1513

通道亭長虞憲〔1〕　　母昭武平都〔2〕里虞儉〔3〕年五十（上）

十一月壬寅，候史□□　　☑

十二月丁巳，北嗇夫豐〔4〕出　　☑（下）　　　73EJT37：1514

【校釋】

　　　上欄「儉」原作「俠」，姚磊（2017C2）、（2018E，119 頁），郭偉濤（2019B，
72 頁）釋。

【集注】

〔1〕虞憲：姚磊（2017C2）：與簡 73EJT37：758 中虞憲為同一人。在其母五十歲
　　　這一年（建平四年）職務有所調整，從「通道亭長」變更為「南部候史」。
　　　　　　今按，說是。虞憲為通道亭長名。

〔2〕平都：里名，屬昭武縣。

〔3〕虞儉：人名，為虞憲母。

〔4〕豐：人名，為關嗇夫。

☑右第五車蒲反〔1〕亭長樂賀〔2〕　　主　十人　丿　☑　　　　73EJT37：1516

【校釋】

　　「第」黃艷萍（2016B，124 頁）、（2018，136 頁）作「弟」。今按，該字作 ⿰ 形，據字形當為「弟」。但漢簡中「第」「弟」的使用常存在混同的情況，暫從整理者釋。

【集注】

〔1〕蒲反：河東郡屬縣。《漢書‧地理志上》：「蒲反，有堯山、首山祠。雷首山在南。故曰蒲，秦更名。莽曰蒲城。」

〔2〕樂賀：人名，為亭長。

居延亭長李兼〔1〕　　馬一匹，驪牝、齒九歲☑　　　　73EJT37：1520

【集注】

〔1〕李兼：人名，為亭長。

☑□游徼左襃〔1〕　　馬一匹，驪牡、齒十歲　十二月丙子☑　73EJT37：1522

【集注】

〔1〕左襃：人名，為游徼。

出賦錢九百　　☑　　　　　　　　　　　　　　　　73EJT37：1525

始建國二年五月丙寅朔丙寅〔1〕，橐他守候義〔2〕敢言之：謹移莫當
隧守衙器簿〔4〕一編，敢言之。　　　　　　　　　73EJT37：1537A
令史恭〔5〕　　　　　　　　　　　　　　　　　　73EJT37：1537B
‧橐他莫當隧始建國二年五月守　衙器簿　　　　　73EJT37：1538
驚米一石　深目六　大積薪三　　　　　　　　　　73EJT37：1539
長斧四　沙二石　瓦帚〔6〕二　　　　　　　　　　73EJT37：1540
驚糒〔7〕三石　草薦〔8〕一　　汲器〔9〕二　　　　73EJT37：1541
皮冒、草莝〔10〕各一　瓦枓二　　　　　　　　　　73EJT37：1542

【校釋】

　　「冒」原作「冐」，張再興、黃艷萍（2017，74 頁）釋「冒」，秦鳳鶴（2018B，531 頁）、韓鵬飛（2019，頁）釋作「罥」。今按，該字無疑為「冒」字。

承櫜〔11〕四　瓦箕二　　　　　　　　　　73EJT37：1543

薰火圖板〔12〕一　煙造一　畚〔13〕一　　　73EJT37：1544

【校釋】

　　「圖」原作「𡇄」。據字形及文義改。

馬矢櫜〔14〕一　布表〔15〕一　儲水罌〔16〕二　73EJT37：1545

・櫜他莫當隧始建國二年五月守衙器簿　　　73EJT37：1546

茹十斤　鼓一　木椎〔17〕二　　　　　　　73EJT37：1547

木面衣二　破釜一　鐵戉〔18〕二　　　　　73EJT37：1548

芳櫜〔19〕一　布薰三　塢戶上下級〔20〕各一　73EJT37：1549

【校釋】

　　「芳」原作「芀」。據字形及文義改。

長科〔21〕二　槍冊　狗籠二　　　　　　　73EJT37：1550

連梃四　芮薪二石　狗二　　　　　　73EJT37：1551+1555

布緯〔22〕三、糒九斗　轉射十一　小積薪三　73EJT37：1552

長棓四　木薪〔23〕二石　小苣二百　　　　73EJT37：1553

長椎四　馬矢二石　程苣九　　　　　　　　73EJT37：1554

☒□二具　薰干二　楼楪〔24〕四　　　73EJT37：1556+1558

弩長臂〔25〕二　羊頭石五百　塢戶關二　　　73EJT37：1557

【校釋】

　　以上二十一枚簡為一簡冊，在正式出版之前即有公佈，甘肅居延考古隊（1978，9頁）稱其為始建國二年「櫜他塞莫當燧守禦器簿」。又甘肅居延考古隊（1978，24頁）認為簡冊的編次為：1537、1538、1539、1552、1541、1545、1549、1557上半段、1557下半段、1550、1551、1553、1554、1540、1547、1544、1548、1542、1543、1557上半段、1556、1546。其後諸多研究者亦將其進行排序，分別如下：

　　初師賓（1984A，144～146頁）：1538、1552、1539、1541、1545、1549、1556+1558、1547、1540、1554、1553、1551+1555、1550、1557、1548、1544、1542、1543、1546、1537A、1537B。

永田英正（1989，239 頁）：1537A、1537B、1538、1539、1552、1541、1545、1549、1557、1550、1551+1555、1553、1554、1540、1547、1544、1548、1542、1543、1556+1558、1546。

姚磊（2017D7，224 頁）：1538、1540、1554、1553、1550、1548、1557、1549、1547、1556+1558、1542、1543、1551+1555、1544、1545、1541、1539、1552、1546、1537。

姚磊（2018E，98～99 頁）：1538、1540、1554、1553、1551+1555、1550、1557、1548、1542、1543、1556+1558、1547、1544、1549、1545、1541、1539、1552、1546、1537。

此外，侯旭東（2014B，65 頁）曾指出無論定期文書與不定期文書，均是先列簿書，最後是文書。黃艷萍（2017，157 頁）認為 73EJT37：1537AB 簡與其它簡牘的形制稍有不同，簡牘較其他簡稍寬，兩行書寫，或應放在這份守禦器簿的最後。

今按，該簡冊可分為三類，一類是呈送簿籍的呈文兩行簡，即簡 1537；一類是簿籍的標題簡，共有兩枚，為簡 1538 和 1546；其餘一類為記錄具體守禦器具名稱的簡札。呈文兩行簡大多認為應當放置到簡冊末尾，這一點應該是沒有問題的。又兩枚標題簡，一前一後，分別位於簡冊首端和末尾呈文之前，也應當是確定的。至於具體記錄守禦器的簡冊，姚磊（2018E，98～99 頁）對其的排序較為可信。

【集注】

〔1〕始建國二年五月丙寅朔丙寅：始建國，新莽年號。據徐錫祺（1997，1701 頁），始建國二年五月丙寅朔，為公曆公元 10 年 5 月 3 日。

〔2〕義：永田英正（1989，239 頁）：橐他候官和肩水候官、廣地候官一起，都是屬於肩水都尉府所管轄的候官。其候官的長官為候，守候就是代理候官的長官。義是人名。莫當隧是屬橐他候官所管轄的燧。

今按，說是。義為橐他守候名。

〔3〕莫當：隧名。

〔4〕守衙器簿：永田英正（1998，287 頁）：守備防禦上必需的設備、物件的記錄清單。

中國簡牘集成編輯委員會（2001I，13 頁）：衙同御。守衙器簿當為守禦器簿，即城防器具登記簿。簡牘所見守禦器乃指守城堡作用器具，不包括隨身佩帶的武器鎧甲等。

李均明（2009，305頁）：守禦器簿是有關城防器材的賬簿。

今按，諸說是。守禦器簿即守備防禦之兵器的登記賬簿。

〔5〕恭：冨谷至（2007，48頁）：上面兩簡是賬簿交付之際附加的送狀，其背面寫有「已讎」（EPF22：71B）、「令史恭」（EJT37：1573B）這樣的注記。「已讎」是「檢查完畢」的意思，「令史恭」是書寫冊書的書記官的姓名，前述敦煌懸泉置出土的「陽朔二年懸泉置傳車置輿簿」也是作為交付辭令，被附加在記有傳車、置輿等驛亭所配車輛狀況的賬簿上。它被放在冊書的最後，故而上文的背面寫有注記的兩簡也應附在冊書最後，從開端簡捲過去，「已讎」這一註記就會顯露在外側。

今按，其說是。恭為令史名。

〔6〕瓦帚：初師賓（1984A，185頁）：帚以陶製，因其不畏火炭，當與瓦箕、枓同類，用來掃集薪火灰炭，或者燃放烽火時使用。

今按，說是。瓦帚為陶製笤帚。

〔7〕驚糒：初師賓（1984A，156頁）：驚米、驚糒，乃專為爆發戰爭而設。驚，同警，《墨子·號令篇》：「卒有驚事」；《漢書·韓安國傳》：「邊境數驚」，皆指警備、戰事。此種數目較多，可供三人食用十多日，約由戍所統一經營，不發給個人。其中，警糒三石，警米一石；後者為炒米，前者為炒麵。

今按，說當是。「驚」通「警」，警糒即警戒之時所用之乾糧。

〔8〕草烽：初師賓（1984B，363頁）：蓋胡籠、放簝（或兜零）或為俗稱及代用品，草烽是正式名稱，其裝備數量不多，僅一枚已足。

薛英群（1991，400頁）：即以草編的烽。為示警信號之一種。

張國艷（2002，87頁）：「草烽」也就是用草製成的一種通報敵情的標誌信號物。

今按，草烽即用草製作的烽，詳參簡73EJP23：280「蓬」集注。

〔9〕汲器：初師賓（1984A，158頁）：漢簡之汲器、汲落、汲水桶，即木桶、瓦瓶、水斗之類取水之器。

張國艷（2002，87頁）：「汲」義為打水。《易經·井》：「井渫不食，為我心惻，可用汲。」「器」即器物。「汲器」也就是用來打水的器物。

今按，諸說多是。汲器即打水的器具。

〔10〕皮冒、草莩：皮冒為皮革製作的帽子，草莩即用草編製的雨衣。

〔11〕承彙：「彙」指繩索。《漢書·李廣傳》：「禹從落中以劍斫絕彙，欲刺虎。」顏師古注：「彙，索也。」則承彙當指備用的繩索。

〔12〕薰火圖板：或指標有烽火用具放置位置的圖板。

〔13〕畚：用草索編製的盛物器具。《左傳·宣公二年》：「殺之，寘諸畚，使婦人載以過朝。」杜預《注》：「畚，以草索為之。」

〔14〕馬矢橐：李天虹（2003，114 頁）：刈橐是割草用的囊袋，馬矢橐繫盛裝馬屎的囊袋。《墨子·備城門》：「灰、康（糠）、粃、坏（秠）、馬矢，皆謹收藏之。」《通典·守拒法》：「灰、麩、糠、粃，因風於城上擲之，以眯敵目。」用來眯、蔽敵目的馬矢，當是風乾粉碎之物。據居延簡所載，馬矢還用以敷塗塢墻。

今按，說是。馬矢橐為裝馬糞的袋子。

〔15〕布表：中國簡牘集成編輯委員會（2001F，131 頁）：用布做的表，傳遞軍情平面形的信號物。

今按，說當是。表為表幟，布表即用布製作的表幟，為烽火信號之一種。

〔16〕儲水罌：初師賓（1984A，158 頁）儲水罌，為較大的蓄水瓦器，專供戰時飲水，或撲滅火災，如今消防用水……居延遺址如甲渠候官的 F1、F16、F20、F28，金關的 F9 等，均發現一種斂口、卷唇、大腹的陶甕，出土時半埋地面以下，有的位於房屋一角，有的鄰近灶臺，應即簡文之儲水罌。每隻容水約 30 公斤左右。

今按，說當是。儲水罌為用於儲存水的瓶子一類容器。《說文·缶部》：「罌，缶也。」段玉裁《注》：「罌，缶器之大者。」

〔17〕木椎：初師賓（1984A，208 頁）：準前文分析，它約是短柄的楗關扃戶用的敲擊工具。

薛英群（1991，401 頁）：可能是一種短柄的敲擊工具，也可能用於立木於地以便懸物。

張麗萍（2019，89 頁）：西北屯戍漢簡中的「椎」是插入關和楗上圓孔中起固定作用的錐形木棍。

今按，諸說多是。木椎即木頭製作的捶擊工具。

〔18〕鐵戉：薛英群（1991，402 頁）：戉，應為戉。即大斧，或曰鉞。《釋文》：「鉞音越。本作戉。」

張國艷（2002，86頁）：「戌」甲骨文像兵器形狀，吳其昌《金文名象疏證》：「戌義為斧」。「鐵戌」一詞又出現在橐他莫當隧始建國三年五月守禦器簿上，所以「鐵戌」即鐵製的戌這種兵器。

今按，諸說恐不妥。「戌」當通「牡」，即戶牡，為橫持門戶之門閂上又上下貫穿的直木。鐵戌當指用鐵製作的門牡。

〔19〕芳橐：即盛裝芳的袋子。芳指蘆葦的花穗。

〔20〕塢戶上下級：羅振玉、王國維（1993，152頁）：塢陛者，服虔《通俗文》云，「營居為塢」，蓋即謂亭也。陛者，《說文》云「升高階也」。亭高五丈餘，必有升降之處，故時須作治也。

陳夢家（1980，155～156頁）：王氏引敦煌漢簡亭「高五丈二尺」以為相當於《通典》的臺高五丈，是不恰當的。漢尺（約 23.3 釐米）小於唐尺（約 30 釐米），二者既不可比擬，而同為漢代的烽臺亦有高下之差別……塢陛，即升降之階級，漢制多為土階或以棧木為之。《通典》所說「屈膝梯」，《太白陰經》作「軟梯」，則是木梯或繩梯。

初師賓（1984A，206頁）：簡文之「上下級」，是從屬於「塢戶」的附件，或加固塢門的裝置，不是臺階。上下，似指塢戶上下不同部位。上下合，合指關閉、合攏等。上級為上合，下級為下合，是兩件器械，有所不同，故簡文曰各一。

今按，「級」指臺階。《禮記·曲禮上》：「拾級聚足，連步以上。」上下級當指上下的臺階。初師賓認為其是塢戶的附件恐不妥。

〔21〕長枓：初師賓（1984A，176頁）：長枓一名，先秦守禦器中不見，其作用尚待繼續研究，目前僅能作如下兩方面的推測。其一，古時守城，或備沸油、熱湯之類，自城上澆灌城下與蜂湧登城之敵……其二，疑是防禦火攻之具。

李天虹（2003，114頁）：長枓，長柄枓勺，可能是防禦火攻的器具。

今按，諸說多是。長枓即長柄之枓勺。

〔22〕布緯：初師賓（1984A，155～156頁）：每隧儲備兩種，一種為「糒」九斗，當是乾炒麵，同時配備「布緯」三個；另一種稱「䉛」米糒，共四石。按，緯同韋、圍，義若圍繞、束縛。布緯約可裹束糒糧於身，近似後世所謂「軍糧袋」之類，故守禦器簿將二者合為一項。居延簡每隧戍卒員額多二至三人，每卒月食標準為小石三石三斗三升。九斗之糒，隨同三枚布緯，如予平均，每緯盛三

斗整……總之，此種帶袋（緯）的軍糒，當是發給個人隨身攜帶的輕便裝備，在邊塞是專供戍卒短期外出值戍，或應急時食用的。

李天虹（2003，116頁）：大約是纏束在腰間的乾糧袋。一布緯，盛糒三斗。

今按，諸說多是。「緯」當通「幃」，指囊袋。《說文·巾部》：「幃，囊也。」布緯即用布製作的囊袋，用以盛乾糧。

〔23〕木薪：薛英群（1991，401頁）：薪為燃火原料，木薪，當指以木柴為燃火的原料。

今按，說當是。木薪即木柴，燒火之用。

〔24〕楔牒：裘錫圭（1981B，27頁）：《玉篇·片部》：「牒牒，小契。」《集韻·帖韻》：「牒牒，小楔。」「楔牒」和「牒牒」顯然是同一詞的不同寫法。用關、牡關閉門的門戶，要使它關得緊，必須在門戶、關牡之間打上木楔。這就是在簡文中經常跟門戶或戶關聯繫在一起的楔牒的用途。

初師賓（1984A，209頁）：楔牒一物，概為門戶兩側附件，用以交接加固門戶，屬於木梁柱一類。

李天虹（2003，115頁）：楔牒即牒牒，是置於門戶、關牡之間的木楔。

冨谷至（2018，188頁）：門栓是指閂門的橫木，不能單獨使用，為了關緊門，會在引起晃動的空隙裡塞上楔子，漢簡中稱這種楔子為「楔牒」。

張麗萍（2019，88頁）：「楔牒」等指小門關。古代閉門裝置由關、楗兩部分組成，「關」指抵門的橫木，「楗」指抵關的直木……古代的關，有大小輕重之別。大而重者為大門關，小而輕者為小門關。兩者均是抵門的橫木，形制應相類似，差別在於大小輕重不同。

今按，諸說多是。楔牒當即牒牒，為木楔。

〔25〕弩長臂：初師賓（1984，188頁）：弩長臂即弩之長臂，《釋名·釋兵》：「弩，怒也，有勢怒也。其柄曰臂，似人臂也。」弩臂前端架弓，後端裝銅機廓，配備齊全，漢簡兵器簿稱作「具弩」。僅有弓、機等而無臂柄者，或即簡文之「承弩」。弩屬兵器裝備。弩臂大約易損傷，又攜帶不便，故漢簡兵器裝備簿均不見載，而歸入守禦器裝備。

李均明（2009，263頁）：弩臂，弩之木把手，與弓呈直角丁字形，橫弓著臂是其明顯特徵。

今按，諸說多是。弩長臂為弩之長柄。

☑威卿禹仲孫任　十一月癸亥，候史丹〔1〕內　　　73EJT37：1565

【集注】

〔1〕丹：人名，為候史。

葆粱樂成〔1〕里蔡臨〔2〕，年廿丿☑　　　　　　73EJT37：1566

【集注】

〔1〕樂成：里名。

〔2〕蔡臨：人名。

□□敬老里王□，年十四　方箱車一□☑

　　　　　　　　用馬一匹，騂☑　　　　　73EJT37：1568

【校釋】

　　「王」「十」「方箱車一」姚磊（2016D7）認為當存疑待釋。今按，說是，該簡右半缺失，第一行文字僅存左部少許筆畫，大多不能辨識。

☑　妻大女☑　　　　　　　　　　　　　73EJT37：1574

☑□牡馬，齒十歲、高六☑　　　　　　　73EJT37：1577

河上守候史觻得春舒〔1〕里不更馮長〔2〕，年廿八　郭迹塞外盡三月　　☑

　　　　　　　　　　　　　　　　　　73EJT37：1581

【集注】

〔1〕春舒：里名，屬觻得縣。

〔2〕馮長：人名，為河上守候史。

觻得成信〔1〕里大夫功師聖〔2〕，年十八　長七尺二寸、黑色　七月庚子入　七月壬辰出　卩　　　　　　　　　　　　73EJT37：1582

【集注】

〔1〕成信：里名，屬觻得縣。

〔2〕功師聖：張再興、黃艷萍（2017，76頁）認為「功師」讀作「工師」，漢複姓。今按，說是。功師聖即工師聖，為人名。

葆居延平明〔2〕里劉弘〔3〕，年十九

居延廷掾衛豐〔1〕，年卅

輕車一乘，用馬一匹，騧牡、齒五歲、高五尺八寸（上）

十月癸未，北，嗇夫豐〔4〕出（下）　　　　　　　73EJT37：1584

【集注】

〔1〕衛豐：人名，為居延廷掾。

〔2〕平明：里名，屬居延縣。

〔3〕劉弘：人名。

〔4〕豐：人名，為關嗇夫。

觻得豪上〔1〕里公士賈武〔2〕，年五十五

　　　　　　　　　　不入（上）

子男放〔3〕，年十五，不入

　　　　　　十月壬子入

作者同里公乘朱音〔4〕，年廿八（下）　　　　　73EJT37：1585A

丞印　　　　　　　　　　　　　　　　　　　　73EJT37：1585B

【集注】

〔1〕豪上：里名，屬觻得縣。

〔2〕賈武：人名。

〔3〕放：人名，為賈武子。

〔4〕朱音：人名。

大常郡茂陵始樂〔1〕里公乘史立〔2〕，年廿七　長七尺三寸、黑色　輕車一乘，

騩牡馬一匹，齒十五歲，弓一、矢五十枚

六月乙巳出　　　　　　　　　　　　　　　　　73EJT37：1586

【集注】

〔1〕始樂：里名，屬茂陵縣。

〔2〕史立：人名。

河南郡雒陽東雍〔1〕里公乘萇通〔2〕，年廿一、長七尺二寸、黑色　牛車一兩，

以正月出　　　　　　　　　　　　　　　　　73EJT37：1587

【集注】

〔1〕東雍：里名，屬雒陽縣。

〔2〕莨通：人名。

　　　　　　　葆居延始至〔2〕里男子徐嚴〔3〕

居延守令史董並〔1〕

　　　　　　　軺車一乘、馬一匹（上）

十月壬午，北，嗇夫豐〔4〕出（下）　　　　　　　73EJT37：1588

【集注】

〔1〕董並：人名，為居延守令史。

〔2〕始至：里名，屬居延縣。

〔3〕徐嚴：人名。

〔4〕豐：人名，為關嗇夫。

富貴〔1〕里公乘夏千秋〔2〕，年廿、長七尺、黑色，弩一、矢十二　牛車一兩
（上）

十二月辛卯出

閏月己未入（下）　　　　　　　　　　　　　　73EJT37：1589

【集注】

〔1〕富貴：里名。

〔2〕夏千秋：人名。

☑……

☑童弟小女貞〔1〕，年九、長五尺一寸、黑色，正則〔2〕占，不☑☑　占所乘
用騩牡馬一匹，齒三歲、高五尺六寸，正則占　　　73EJT37：1590

【集注】

〔1〕貞：人名。

〔2〕則：人名，為里正。

肩水金關 H1

■右第六十五方三人　多一　　　　　　　　　　73EJH1：5

禽寇〔1〕隧長秦憙〔2〕　　未得九月⋯⋯　十一　　卩　　　　　　73EJH1：7

【集注】

〔1〕禽寇：隧名。

〔2〕秦憙：人名，為禽寇隧長。

昭武萬昌〔1〕里夏寬〔2〕　　牛車一兩　十月丁巳入　卩　　　　73EJH1：8

【集注】

〔1〕萬昌：里名，屬昭武縣。

〔2〕夏寬：人名。

□□□部三百　⋯⋯

　　　　　　　出八□半斗　　　　　出十五蜚廉〔1〕半升

　　　　　　　出十五笥一合〔2〕　　出十五地膚〔3〕半升　73EJH1：32A+16B

⋯⋯

出十狗肴〔4〕半升　出卅五腸一脘〔5〕

出十肉脩〔6〕廿枚　出四菱一束□通　　　　　　　　　73EJH1：32B+16A

【校釋】

　　何有祖（2016B）綴，A面第二行未釋字原作「錢」，第三行「出十五笥」之「五」原作「出」；B面第二行「卅」、第三行「四」原未釋，均綴合後釋。

【集注】

〔1〕蜚廉：「廉」當通「蠊」，蜚廉即蜚蠊，俗稱蟑螂。李時珍《本草綱目・蟲三・蜚蠊》：「蜚蠊、行夜、負蠜三種，西南夷皆食之，混呼為負盤。」

〔2〕笥一合：中國簡牘集成編輯委員會（2001G，52 頁）：笥，盛飯食或器用的竹編盒。方形。《後漢書・張宗傳》：「禹乃書諸將名於竹簡，署其前後，亂著笥中，令各探之。」注引鄭玄注《禮記》云：「圓曰簞，方曰笥。」
今按，其說是。「合」為笥的量詞。

〔3〕地膚：通稱「掃帚菜」。李時珍《本草綱目・草五・地膚》：「地膚，地麥，因其子形似也。地葵，因其苗味似也。鴨舌，因此形似也。妓女，因其枝繁而頭多也。子落則老，莖可為帚，故有帚、彗諸名。」

〔4〕狗肴：「肴」為熟肉。《禮記・學記》：「雖有嘉肴，弗食，不知其旨也。」狗肴或指熟的狗肉。

〔5〕腸一脘：「脘」指胃的內腔。《說文‧肉部》：「脘，胃府也。」此處或為腸的量詞。

〔6〕肉脩：「脩」指乾肉。《說文‧肉部》：「脩，脯也。」肉脩亦為乾肉。

有方一　　☐

登山〔1〕隧卒濟陰郡定陶中莊〔2〕里儋福〔3〕

曲胕、緹紺胡各一☐

73EJH1：18

【集注】

〔1〕登山：隧名。

〔2〕中莊：里名，屬定陶縣。

〔3〕儋福：人名，為戍卒。

沙頭〔1〕隧長氐池臨市〔2〕里馮賢友〔3〕　　☐　　73EJH1：19

【集注】

〔1〕沙頭：隧名。

〔2〕臨市：里名，屬氐池縣。

〔3〕馮賢友：人名，為沙頭隧長。

‧右付子明〔1〕錢萬六千　　☐　　73EJH1：20

【集注】

〔1〕子明：當為人名。

肩水令史觻得樂□里□明　　已□☐　　73EJH1：21

觻得定安〔1〕里大夫杜平〔2〕，年十六歲　長七尺二寸、黑色　車一兩☐

73EJH1：23+49

【校釋】

姚磊（2016D5）綴。

【集注】

〔1〕定安：里名，屬觻得縣。

〔2〕杜平：人名。

廣地闚都〔1〕亭長蘇安世〔2〕妻、居延鉼庭〔3〕里薛存〔4〕，年廿九、長☑

73EJH1：25

【校釋】

　　「闚」原作「闗」。該字從門從羽，其實是「闚」省去了中間的「曰」，為「闚」字的異體。這個字西北漢簡中十分常見，之前曾常釋作「關」，張俊民（2014B）已指出其誤，並對簡 73EJT3：7、73EJT30：165 中的「關」作了改釋。

【集注】

〔1〕闚都：亭名。

〔2〕蘇安世：人名，為闚都亭長。

〔3〕鉼庭：里名，屬居延縣。

〔4〕薛存：人名，為蘇安世妻。

　　　　　　　　六百　　　六百自取

止北〔1〕隧長常富〔2〕　　　　刂　　　　　　　　　彐☑

　　　　　　　　自取　　　士吏賦　　　　　　73EJH1：27

【集注】

〔1〕止北：隧名。

〔2〕常富：人名，為止北隧長。

☑有識車者歸錢取車，沽酒旁二斗，王宣〔1〕知☑　　　73EJH1：29

【集注】

〔1〕王宣：當為人名。

□八人，其一人車父　　　　　　　　　・凡百卅九人

□百卅一人，其十六人輸廣地置　　馬七匹（上）

輂車七兩□□□□牛車百一十兩☑

牛百一十二，其十五輸廣地置　　☑（下）　　73EJH1：30

【校釋】

　　下欄第二行「置」字原作「還」，郭偉濤（2019B，166 頁）、（2019C，66 頁），韓鵬飛（2019，1683 頁）認為當作「置」。今按，說是。該字圖版作 ▨ ，當釋

「置」。上欄第二行「置」字作█形，可以參看。又兩個「置」字處於相同辭例中，
應當一致。

☑□其二人三石弩各一，稾矢☑　　　　　　　　　　　　73EJH1：34
……☑

橫刀　吏☑　　　　　　　　　　　　　　　　　　　　73EJH1：35A
八□□☑　　　　　　　　　　　　　　　　　　　　　73EJH1：35B

祿福尊賢〔1〕里公乘趙□☑　　　　　　　　　　　　　73EJH1：38

　【集注】

　　〔1〕尊賢：里名，屬祿福縣。

戍卒上黨郡銅鞮中人〔1〕里大夫陰孝☑　　　　　　　　73EJH1：39

　【校釋】

　　「孝」原作「春」，高一致（2016B）、黃悅（2017）、（2019，205頁）釋。

　【集注】

　　〔1〕中人：里名，屬銅鞮縣。

☑　牛車一兩　　　　　　　　　　　　　　　　　　　73EJH1：41
☑　車四兩、人七☑　　　　　　　　　　　　　　　　73EJH1：42
☑　六月戊寅入　☑　　　　　　　　　　　　　　　　73EJH1：44

戍卒趙國伯人陽春〔1〕里☑　　　　　　　　　　　　　73EJH1：45

　【集注】

　　〔1〕陽春：里名，屬柏人縣。

☑六石弩一，射二百☑　　　　　　　　　　　　　　　73EJH1：47

戍卒上黨郡壺關雒東〔1〕里大夫王湯〔2〕　年☑　　　73EJH1：50

　【集注】

　　〔1〕雒東：里名，屬壺關縣。

　　〔2〕王湯：人名，為戍卒。

居延獄史徐□☑   73EJH1：51

【校釋】

        未釋字姚磊（2019G1）作「偃」。今按，該字殘斷，僅存一點墨迹，當從整理者釋。

戍卒上黨郡長子〔1〕甗里〔2〕公士趙安世〔3〕   ☑   73EJH1：52

【集注】

    〔1〕長子：上黨郡屬縣，為郡治所在。

    〔2〕甗里：里名，屬長子縣。

    〔3〕趙安世：人名，為戍卒。

中部亭長屈始昌〔1〕，年廿三   ☑   73EJH1：54

【集注】

    〔1〕屈始昌：人名，為中部亭長。

■右伍長王廷年〔1〕   ☑   73EJH1：56

【集注】

    〔1〕王廷年：人名，為伍長。

☑寸、黑色 ☑   73EJH1：57

☑□召湯 牛車一☑   73EJH1：59

☑一、矢十二，劍一 口   73EJH1：62

☑□廿五 長六尺二☑   73EJH1：64

☑□奴 ☑   73EJH1：65

☑五月食 ☑   73EJH1：66

……☑

第二車☑   73EJH1：67

原武南長〔1〕里王富☑

原武南長里張□☑

□□□□園里☑   73EJH1：68

【校釋】

第三行簡首未釋兩字韓鵬飛（2019，1984頁）作「南陽」。今按，說或是，但該兩字殘損，不能確知，暫從整理者釋。

【集注】

〔1〕南長：里名，屬原武縣。

戍卒趙國邯鄲□☑	73EJH1：70
今為積四百廿三萬萬九千七百卅二萬六千五百七十九□☑	73EJH1：71
☑親，年十五、長七尺、黑色　六月癸未☑	73EJH1：72

☑　出五十米五斗卩　出十□☑	
☑　出廿四牛肉卩　　☑	
☑　……　☑	73EJH1：74
長孫廚　　☑	73EJH1：75
☑　乾安樂　☑	73EJH1：76

　　　　　　　牛車一兩☑
□□宜都里李武〔1〕
　　　　　　　載肩☑　　　　　　　73EJH1：77

【校釋】

姚磊（2020E）綴合該簡和簡73EJT4：45。今按，兩簡茬口處似不能密合，且兩簡出土於不同探方，或不當綴合。

【集注】

〔1〕李武：人名。

肩水金關 H2

田卒上黨郡涅磨焦〔1〕里不更李過程〔2〕，年廿五　　☑　　　73EJH2：1

【校釋】

「磨」字張再興（2018，133頁）認為應該是「曆」，其不應看作是訛字，而應處理成異體，在簡帛釋文中寫作「磨（曆）」。今按，其說是。又「焦」字作 形，似當為「侯」字。

【集注】

〔1〕磨焦：里名，屬涅縣。

〔2〕李過程：人名，為田卒。

☑公乘、番和宜便〔1〕里、年卅三歲、姓吳氏、故驪軒苑斗食嗇夫，迺神爵二
年三月辛☑　　　　　　　　　　　　　　　　　　　　　73EJH2：2

【集注】

〔1〕宜便：里名，屬番和縣。

☑字買　方箱一乘、者白馬一匹　　　　　　　　　　　73EJH2：3

出錢千八百　其六百都君〔1〕取　給安農〔2〕隧長李賜之〔3〕，七月、八月、
九月奉，自取☑　　　　　　　　　　　　　　　　　　73EJH2：7+85

【校釋】

　　姚磊（2016D5）綴。「李賜之」姚磊（2017C6）認為居延漢簡585・7有相似辭
例，作「李貽之」，當改。今按，其說是，該簡「賜」字作 形，為「賜」字無疑，
居延漢簡585・7「李貽之」亦當作「李賜之」。

【集注】

〔1〕都君：人名。

〔2〕安農：隧名。

〔3〕李賜之：人名，為安農隧長。

☑□弩一、矢五十　卩　馬一匹　ㄋ　　　　　　　　　73EJH2：8
☑□□□　方箱一乘，駝牝馬一匹，齒十四歲　　☑　　73EJH2：9

居延臨仁〔1〕里小女孫召令〔2〕，年二、長三尺、黑色☑　73EJH2：10

【集注】

〔1〕臨仁：里名，屬居延縣。

〔2〕孫召令：人名。

・東部甘露二年三月吏卒被☑　　　　　　　　　　　　73EJH2：11

居延卅井誠南〔1〕隧長市陽〔2〕里周仁〔3〕　年卅六歲　☑　　　73EJH2：14

【集注】

〔1〕誠南：隧名。

〔2〕市陽：里名。

〔3〕周仁：人名，為誠南隧長。

觻得成漢〔1〕里王意〔2〕，年五十（上）

長七尺二寸　衣皁襲、布單、布絝　☑

黑色　　　　　牛一、車一兩，弩一、矢五　☑（下）　　73EJH2：16

【集注】

〔1〕成漢：里名，屬觻得縣。

〔2〕王意：人名。

昭武萬歲〔1〕里大夫張安世〔2〕，年卅、長七尺二寸、黑色　軺車一乘□☑

　　　　　　　　　　　　　　　　　　　　　　　　　73EJH2：17

【集注】

〔1〕萬歲：里名，屬昭武縣。

〔2〕張安世：人名。

守園卒同國縣不審里張到☑　　　　　　　　　　　73EJH2：19

十一月入凡二百五十四人，馬卅八匹、軺車廿九乘、牛百七十九、車百七十

九兩　☑　　　　　　　　　　　　　　　　　　　73EJH2：20

昭武騎士富里〔1〕孫仁〔2〕　馬一匹，騮駮☑　　　73EJH2：21

【集注】

〔1〕富里：里名。

〔2〕孫仁：人名，為騎士。

祿福定國〔1〕里牛強漢〔2〕　牛一、車一兩　十二月壬子入　劍一　　☑

　　　　　　　　　　　　　　　　　　　　　　73EJH2：67+32

【校釋】

姚磊（2016E1）綴。「牛一」之「一」原釋文脫，黃悦（2017）、（2019，208 頁）補。

【集注】

〔1〕定國：里名，屬祿福縣。

〔2〕牛強漢：人名。

☑□　能書會計治官民，頗知☑　　　　　　　　　　　　　73EJH2：37

騎士定國〔1〕里勝禹〔2〕　　年卅八　弩　弓　弓　　　73EJH2：39

【集注】

〔1〕定國：里名。

〔2〕勝禹：人名，為騎士。

河南郡雒楊槐中〔1〕公乘李譚〔2〕，年廿一歲　　・方相一乘，騮駮牡馬一匹，齒十五歲　　☑　　　　　　　　　　　　　　73EJH2：40

【集注】

〔1〕槐中：里名，屬雒陽縣。

〔2〕李譚：人名。

平陵富長〔1〕里蘇憲〔2〕，年卅八、歲長七尺五寸、黑色　方箱車一乘，桃華牝馬一匹，齒七歲、高六尺☑　　　　　　　　　　73EJH2：41

【集注】

〔1〕富長：里名，屬平陵縣。

〔2〕蘇憲：人名。

會水候史莊齊〔1〕（上）
元康二年六月甲辰〔2〕初，迹盡元康二年九月晦日，積百卌二日
張掖肩水都尉廣德〔3〕丞勝胡〔4〕、卒史終根〔5〕，以令賜齊勞七十一日（下）
　　　　　　　　　　　　　　　　　　　　　　　　　73EJH2：45

【集注】

〔1〕莊齊：人名，為會水候史。

〔2〕元康二年六月甲辰：許名瑲（2017A，106 頁）：元康二年六月大戊戌朔，七日甲辰，盡晦，計廿四日；七月大戊辰朔，計卅日；閏七月小戊戌朔，計廿九日；八月大丁卯朔，計卅日；九月小丁酉朔，盡晦，計廿九日。六月甲辰初迹，至於九月晦，凡百四十二日，合於簡文。

今按，其說是。元康，漢宣帝劉詢年號。據徐錫祺（1997，1555 頁），元康二年六月戊戌朔，七日甲辰，為公元前 64 年 7 月 3 日。

〔3〕廣德：人名，為肩水都尉。

〔4〕勝胡：人名，為丞。

〔5〕終根：人名，為卒史。

☑道里公乘宮尚〔1〕，年卅三　軺車一乘、用馬二匹　十二月甲午入

73EJH2：51

【集注】

〔1〕宮尚：人名。

北部隧七所　省卒五人，詣金☑　　　　　　　　73EJH2：59

☑……長七尺三☐　車一兩　☑　　　　　　　　73EJH2：61

☑☐☐里朱福〔1〕，年廿☐　大車一　☑　　　　73EJH2：62

【集注】

〔1〕朱福：人名。

・右第百一十方三人　☑　　　　　　　　　　　73EJH2：63

觻得常甯〔1〕里不更魯國〔2〕，年廿六　牛☑　　73EJH2：64

【集注】

〔1〕常甯：里名，屬觻得縣。

〔2〕魯國：人名。

彊漢〔1〕隧長趙彊輔〔2〕　　☑　　　　　　　　73EJH2：66

【集注】

〔1〕彊漢：隧名。

〔2〕趙彊輔：人名，為彊漢隧長。

☑　　　　　　　☑卌八人　　輺車☑

☑□千廿三人　凡千八十人　馬十☑　　　　　　　73EJH2：68

☑□鯠得武安〔1〕里公乘呂嬰齊〔2〕，年廿六、長☑　　73EJH2：70

【集注】

〔1〕武安：里名，屬鯠得縣。

〔2〕呂嬰齊：人名。

☑一完

☑完　　　　　　　　　　　　　　　　　　　　73EJH2：73

田卒上黨郡高都〔1〕水東〔2〕里不更甘□☑　　　73EJH2：81

【集注】

〔1〕高都：上黨郡屬縣。

〔2〕水東：里名，屬高都縣。

☑二人　六年部候長候☑

☑　　　凡六部會　☑　　　　　　　　　　　　73EJH2：87A

☑□□□□史二人　☑

☑□長六人、卒十五人　☑

☑西部候長候史二人　☑　　　　　　　　　　　73EJH2：87B

【校釋】

　　A 面「會」下姚磊（2016D7）補一「府」字。今按，補釋或可從，但圖版殘斷且模糊不清，不能辨識，當從整理者釋。

☑騨北亭長牛慶〔1〕　　　　　　　　　　　　　73EJH2：88

【集注】

〔1〕牛慶：人名，為騨北亭長。

☑令史大原郡大陵〔1〕☑☑　　　　　　　　　73EJH2：89

【集注】

〔1〕大陵：太原郡屬縣。《漢書・地理志上》：「大陵，有鐵官。莽曰大寧。」

☑姦隧長贏☑☑　　　　　　　　　　　　　73EJH2：90

【校釋】

「姦」字原未釋，姚磊（2016D7）釋。

☑　九月丙申入　　　　　　　　　　　　73EJH2：92

戍卒梁國菑板里〔1〕董☑☑　　　　　　　　73EJH2：94

【集注】

〔1〕板里：里名，屬菑縣。

☑□千二

　　　　　　二月己酉☑

☑□五十　　　　　　　　　　　　　　　73EJH2：96

☑□年六歲　　　　　　　　　　　　　　73EJH2：97

☑弦二　　☑

☑長弦一　　☑　　　　　　　　　　　　73EJH2：98

☑矢五十☑　　　　　　　　　　　　　　73EJH2：100

☑□卒淮陽郡苦高陵〔1〕里☑　　　　　　　73EJH2：103

【集注】

〔1〕高陵：里名，屬苦縣。

　　　　　　……☑

弩一、矢卅□　……☑

　　　　　　……☑　　　　　　　　　　73EJH2：110

肩水金關 F1

侯掾所魚主☑   73EJF1：20A

三頭詣在所□☑   73EJF1：20B

【校釋】

     B面「頭」原作「願」，姚磊（2016D7）釋。

三石具弩一，今力三石七斤，傷兩淵□☑

□□□六石具弩一，今力四石五十六□☑   73EJF1：21A+24A

□□隧長蓋眾〔1〕，五石弩一，傷☑   73EJF1：21B+24B

【集注】

     〔1〕蓋眾：人名，為隧長。

☑□十頭馮君長☑

☑□十頭侯掾   ☑   73EJF1：22

【校釋】

     兩未釋字姚磊（2016D7）補「魚」。今按，補釋或可從，但簡牘殘斷，未釋字僅存少許筆畫，不能確知，當從整理者釋。

☑□□里韓成〔1〕，年廿   萬歲〔2〕里馮竟〔3〕，年卅

              載魚五千頭（上）

大車二兩、牛四頭，釜一

作者肩水〔4〕里李立〔5〕，卅五

弩二、箭二發（下）   73EJF1：26

【集注】

     〔1〕韓成：人名。

     〔2〕萬歲：里名。

     〔3〕馮竟：人名。

     〔4〕肩水：里名。

     〔5〕李立：人名。

表是宰之印

錯田表是常安〔1〕善居〔2〕里李欽〔3〕，年三十（上）

作者樂得廣昌〔4〕里張錢〔5〕，年三十

大車一兩

用牛二頭　十二月庚子入（下）　　　　　　　　　73EJF1：30+28

【校釋】

　　　　第一行「張錢」肖從禮（2019，279頁）釋作「張欽」。今按，原釋「錢」字作
![形] 形，漢簡中「欽」和「錢」均有此種寫法，但該字和同簡「李欽」的「欽」寫
法不一致，暫從整理者釋「錢」。

【集注】

〔1〕常安：為新莽時對長安的稱謂。《漢書·地理志上》：「長安，高帝五年置。惠
　　　帝元年初城，六年成。戶八萬八百，口二十四萬六千二百。王莽曰常安。」

〔2〕善居：里名，屬長安縣。

〔3〕李欽：人名。

〔4〕廣昌：里名，屬轢得縣。樂得即轢得，新莽時稱謂。

〔5〕張錢：人名。

☑☑☑一石八斗，以食萃彭候丞青北出三人，十一月☑☑盡壬子十日，積☑
　　　　　　　　　　　　　　　　　　　　　　　　　　73EJF1：32

表實北界卻虜〔1〕隧、監滿〔2〕隧　私舉□☑　　　　73EJF1：33

【集注】

〔1〕卻虜：隧名。

〔2〕監滿：隧名。

八日甲寅，食巳，發田　宿廉□☑　　　　　　　　　73EJF1：35

錯田祿福敦煌案平〔1〕里韓定〔2〕，年卅五　馬一匹　　☑　73EJF1：36

【集注】

〔1〕案平：里名，屬敦煌縣。

〔2〕韓定：人名。

肩水候長蘇長□☑   73EJF1：37

【校釋】

　　未釋字姚磊（2016D7）補「保」。今按，補釋或可從，但簡末殘斷，該字僅存上部筆畫，不能確知，當從整理者釋。

河南郡河南東甘〔1〕里張忠〔2〕　　☑   73EJF1：39

【集注】

　　〔1〕東甘：里名，屬河南縣。

　　〔2〕張忠：人名。

☑□□□年卅   73EJF1：40

☑　十二月丁卯，北出   73EJF1：41

☑廣地候長孫黨☑（削衣）   73EJF1：56

居延都尉從史范宏〔1〕葆　　☑（削衣）   73EJF1：64

【集注】

　　〔1〕范宏：人名，為都尉從史。

驪喜〔1〕隧省卒　當茭七百束，束大三韋〔2〕　　☑   73EJF1：71

【集注】

　　〔1〕驪喜：隧名。

　　〔2〕韋：李天虹（2003，16頁）：通圍，是計算樹木圓周的單位。《漢書·成帝紀》
　　　　建始元年「是日大風，拔甘泉時中大木十韋以上」，師古曰：「韋與圍同。」
　　　　今按，說是。「韋」通「圍」，為計量圓周的單位。

乘軺車一乘

假佐宣萬年〔1〕　　　　　　　以八月己未，北，亭長彭〔2〕出
　　　　馬一匹   73EJF1：72

【集注】

　　〔1〕宣萬年：人名，為假佐。

　　〔2〕彭：人名，為亭長。

　　　　　　輼車一乘
宣威鄉佐范章〔1〕　　　　　　八月庚子，北，守亭長豐〔2〕出
　　　　　用馬一匹　　　　　　　　　　　　　73EJF1：73

【集注】

〔1〕范章：人名，為宣威鄉佐。

〔2〕豐：人名，為守亭長。

　　　　　其七十二石五斗六升大，食省卒卅五人，八月十三□十九日，積□□
□升大　八十一石……食省卒廿一人，八月十三日、九月十九日、十月□日，
　　　積六十二日食
　　　　　……升，稟省卒廿七人，八月十五日、九月廿九日，積卅四日食□
　　　（上）

六石五□（下）　　　　　　　　　　　　　　73EJF1：83A

□　穀券　□　　　　　　　　　　　　　　73EJF1：83B

□大車二兩　　　　　　　　一姓耿子俠
　　　　六月廿二日，南入
□用牛六頭　　　　　　　　　　　　　　　73EJF1：88

觻得常樂〔1〕里公□□　　　　　　　　　73EJF1：92

【集注】

〔1〕常樂：里名，屬觻得縣。

□□　八十　　　　　　　　　　　　　　　73EJF1：94
□□年廿六　□　　　　　　　　　　　　　73EJF1：95
　□　・右縣官所給　□□二兩
　□　皁布單衣一領　・右卒私裝　　　　　73EJF1：96

□□年廿二歲□
□男丹〔1〕、年七歲，子□（削衣）　　　73EJF1：98

【集注】

〔1〕丹：人名。

七月十日北出☑（削衣） 73EJF1：108

☑八日南入　丑☑（削衣） 73EJF1：115

☑北，亭長□出（削衣） 73EJF1：116

【校釋】

　　未釋字姚磊（2017C2）補「彭」。今按，補釋可從，但簡牘殘斷，字多不能辨識，當從整理者釋。

☑伐　卩（竹簡） 73EJF1：120

【校釋】

　　姚磊（2016E1）遙綴簡 73EJF1：122 和該簡。今按，兩簡形制、字體筆迹等一致，當屬同一簡，但不能直接拼合。

戍卒上黨郡壺關上瓦〔1〕里☑（竹簡） 73EJF1：122

【校釋】

　　姚磊（2016E1）遙綴該簡和簡 73EJF1：120。今按，兩簡形制、字體筆迹等一致，當屬同一簡，但不能直接拼合。

【集注】

　〔1〕上瓦：里名，屬壺關縣。

累山〔1〕里石宣〔2〕，年廿　　☑ 73EJF1：123

【集注】

　〔1〕累山：里名。

　〔2〕石宣：人名。

☑牛車一兩　有方☑ 73EJF1：124

☑　凡穀十八石☑ 73EJF1：125

肩水金關 F2

☑□車一兩丿

☑□頭丿 73EJF2：1

☑□□石四斗三升少　地節三年九月甲寅朔乙卯〔1〕，士吏福〔2〕付候長奉〔3〕

73EJF2：2

【集注】

〔1〕地節三年九月甲寅朔乙卯：地節，漢宣帝劉詢年號。據徐錫祺（1997，1550
頁），地節三年九月甲寅朔，二日乙卯，為公曆公元前 67 年 9 月 28 日。

〔2〕福：人名，為士吏。

〔3〕奉：人名，為候長。

☑□里上造李豐〔1〕，年三十　☑

73EJF2：3

【集注】

〔1〕李豐：人名。

☑西海〔1〕大尹史周勳〔2〕子男一人　□☑

73EJF2：4

【校釋】

「勳」字原作「勤」，秦鳳鶴（2018C，283 頁）釋作「勳」。今按，該字作 [image]
形，釋「勳」可從。

【集注】

〔1〕西海：饒宗頤、李均明（1995A，107 頁）：西海郡得名於王莽代漢之前，但其
名為王莽所取，故後未改。

今按，說是。西海為王莽時郡名。

〔2〕史周勳：肖從禮（2018B，190 頁）：簡中之「史」為職名，或即「卒史」之省
稱。卒史為漢朝二千石左右級別官府的屬吏。

今按，其說或是。周勳為人名，為西海大尹史。大尹為王莽時期對郡太守
的稱謂。

☑市陽〔1〕里衛放〔2〕，年廿四　☑

73EJF2：6

【集注】

〔1〕市陽：里名。

〔2〕衛放：人名。

☑入貸穀　五石　次澤渠　八月丙子，城倉掾況〔1〕　受客民〔2〕枚習〔3〕

73EJF2：7

【集注】

〔1〕況：人名，為城倉掾。

〔2〕客民：王元林（2002，208 頁）：「客民」或「客」是指流民、破產的農民、貧困的自由民等應「募」於豪門、吏家，受僱於訾家、富家，索取佣金。

　　楊劍虹（2013，37 頁）：凡是脫離原籍、寄居異鄉的都叫「客」，其中貧苦的農民成為「賣庸而播耕」的「庸客」。

　　今按，「客民」或同於「客子」，指客居他鄉的民眾。

〔3〕枚習：人名，為客民。

☑□市陽〔1〕里官大夫潘收〔2〕，年十五、長七尺二寸☑　　　73EJF2：8

【集注】

〔1〕市陽：里名。

〔2〕潘收：人名。

出麥二斛三斗　稟辟非〔1〕隧長莊道〔2〕五月祿☑　　　73EJF2：49+9

【集注】

〔1〕辟非：隧名。

〔2〕莊道：人名，為辟非隧長。

　　　　　　　　　　　輜車四乘☑

金城〔1〕里萬竟〔2〕，年五十一

　　　　　　　　　　　用馬四匹☑　　　73EJF2：11

【集注】

〔1〕金城：里名。

〔2〕萬竟：人名。

☑□解　從者一人☑　　　　　　　　　　73EJF2：12

　　　　　軺車一乘　　☑

☑令史某公

　　　　　馬一匹，某☐☐　　☑　　　　　　　　　　　73EJF2：13

居延亭長延年〔1〕里王宮〔2〕，年卌二　☐☑　　　　73EJF2：14

【集注】

〔1〕延年：里名。

〔2〕王宮：人名，為居延亭長。

☑☐　十月戊子莫〔1〕，亭長並〔2〕出　　　　　　　　73EJF2：16

【集注】

〔1〕莫：當通「暮」。

〔2〕並：人名，為亭長。

☑乘馬一匹，三月中入　　　　　　　　　　　　　　　73EJF2：18

☑年廿七　長七尺二寸☑　　　　　　　　　　　　　　73EJF2：19

☑四、長七尺五寸、黑色　　　　　　　　　　　　　　73EJF2：21

☑☐薛誼　　　　　　　　　　　　　　　　　　　　　73EJF2：22

☑麥二斛三斗　　☑　　　　　　　　　　　　　　　　73EJF2：23

☑田宏八百☐☑　　　　　　　　　　　　　　　　　　73EJF2：24

☑粱米出入簿☑　　　　　　　　　　　　　　　　73EJF2：30+31

祿福宜富〔1〕里男子☐☐☑　　　　　　　　　　　　　73EJF2：32

【集注】

〔1〕宜富：里名，屬祿福縣。

居延丞婦鯥得定安〔1〕里姚枚〔2〕　　私馬一匹、軺☐☑　73EJF2：38

【集注】

〔1〕定安：里名。

〔2〕姚枚：人名。

　　妻始〔1〕，年二☑

☑□

　　子男鴻〔2〕，年☑　　　　　　　　　　　　　　　73EJF2：39

【校釋】

　　「鴻」原作「福」，姚磊（2016F6）釋。又第一行「二」字姚磊（2016F6）認為不妥，當存疑。今按，說或是，該簡殘斷，不能確知，暫從整理者釋。

【集注】

〔1〕始：人名。

〔2〕鴻：人名。

右前騎士廣都〔1〕里陽城隆〔2〕　　☑　　　　　　　　73EJF2：42

【集注】

〔1〕廣都：里名。

〔2〕陽城隆：人名，為騎士。

稟萬世〔1〕卒杜崇〔2〕正月二月食　二月食　☑（「正月二月食」墨塗）
　　　　　　　　　　　　　　　　　　　　　　　　73EJF2：44

【集注】

〔1〕萬世：當為隧名。

〔2〕杜崇：人名，為戍卒。

下廣〔1〕里齊從〔2〕，年卅七　　　　　　　　　　　73EJF2：48

【集注】

〔1〕下廣：里名。

〔2〕齊從：人名。

肩水金關 F3

右前騎士闕都〔1〕里任憲〔2〕　刂　左前騎士陽里〔3〕張嚴〔4〕　中營右騎士
中宿〔5〕里鄭戎〔6〕　刂　　　　　　　　　　　　　　73EJF3：3

【校釋】

「闖」原作「關」，李洪財（2017）釋。

右前騎士闖都里趙嚴〔7〕　卩　　左前騎士通澤〔8〕里李嚴〔9〕　　中營右騎士安

樂〔10〕里范良〔11〕　卩　　　　　　　　　　　　　　　　　　73EJF3：11+4

【校釋】

「闖」原作「關」，李洪財（2017）釋。

右前騎士鳴沙〔12〕里尚詡〔13〕　　卩　　左前☑　　　　　　73EJF3：6

右前騎士中宿里華賞〔14〕　卩　　左前騎士當遂〔15〕里蕭仁〔16〕　卩　中營左

騎士廣郡〔17〕里孫長〔18〕　　　　　　　　　　　　　　　73EJF3：7+360

☑□宋章〔19〕　卩　中營右騎士富里〔20〕李立〔21〕　　卩　　73EJF3：8

右前騎士仁里〔22〕楊意〔23〕　　卩　　左前騎士廣都〔24〕里馮恭〔25〕　卩　　中營

右騎士遮虜〔26〕里戴林〔27〕　　卩　　　　　　　　　　　　73EJF3：273+10

右前騎士仁☑　　　　　　　　　　　　　　　　　　　　　73EJF3：12

右前騎士安國〔28〕里☑　　　　　　　　　　　　　　　　73EJF3：13

右前騎士鳴☑　　　　　　　　　　　　　　　　　　　　　73EJF3：14A

□□□☑　　　　　　　　　　　　　　　　　　　　　　　73EJF3：14B

☑永　卩　　左前騎士孤山〔29〕里郭賀〔30〕　　中營右騎士安國里孫政〔31〕　　卩

　　　　　　　　　　　　　　　　　　　　　　　　　　　73EJF3：281+18

☑左前騎士累山〔32〕里蘇慶〔33〕　　　　　　　　　　　73EJF3：19

右前騎士累中宿里□□　左前騎士□☑　　　　　　　　　73EJF3：30+21

【校釋】

「里□」原作「北鄉」，姚磊（2016F6）釋。未釋兩字姚磊（2017I4）釋作「鄭
彭」。今按，補釋或可從，但圖版磨滅，不能確知，暫作未釋字處理。又「中宿里□
□」墨色較淡，當為後書。姚磊（2016F6）認為「累」可能是「累山里」之「累」，
本應寫「中宿里」，「累」字並未被削掉。今按，其說或是。

☑里韓宮〔34〕　卩　　　　　　　　　　　　　　　　　　73EJF3：22

右前騎士萬歲〔35〕里衣戎〔36〕　　左前騎士廣都里任當〔37〕　卩☑

　　　　　　　　　　　　　　　　　　　　　　　　　　　73EJF3：24

右前騎士中宿里孫賞〔38〕　卩　左前騎士累山里亓黨〔39〕　卩　中營左騎士
鳴沙里☑　　　　　　　　　　　　　　　　　　　　　　73EJF3：25+543

【校釋】

　　「亓」字原作「卞」，張再興、黃艷萍（2017，73頁）指出該簡「卞」字同
73EJT3：7、73EJT14：19、73EJT26：105中釋作「亓」的字形體並無區別，且
這3例中的「亓」字與該簡的「卞」字均用作姓氏。認為該簡中原釋「卞」的字
也應釋「亓」，但同時又指出這些字也有可能是「卞」。今按，說是，此統一釋作
「亓」。

右前騎士三十井〔40〕里趙詡〔41〕　卩☑　　　　　　　　73EJF3：26
右前騎士中宿里單崇〔42〕　卩　左前騎士廣☑　　　　　73EJF3：27
右前騎士富里周護〔43〕　左前騎士陽里顏立〔44〕　卩　中營左騎士累山里☑
　　　　　　　　　　　　　　　　　　　　　　　　　　　73EJF3：28

【校釋】

　　「顏」原作「顧」，徐佳文（2017A）、雷海龍（2017，87頁）釋。

☑左前騎士三泉〔45〕里張建〔46〕　卩　中營右騎☑　　73EJF3：29
☑騎士肩水〔47〕里馮陽〔48〕　卩☑　　　　　　　　　73EJF3：31
右前騎士闟都里李誼〔49〕　卩　左前騎士陽里張豐〔50〕　卩　中營左騎士安
樂里李豐〔51〕　卩　　　　　　　　　　　　　　　　　73EJF3：415+33

【校釋】

　　「闟」原作「關」，李洪財（2017）釋。

☑左騎士昌里〔52〕徐☑　　　　　　　　　　　　　　　73EJF3：34
右前騎士中宿里刑戎〔53〕　卩　左前騎士誠勢〔54〕里馬護〔55〕　卩　中營左
騎士富里宋多〔56〕　卩　　　　　　　　　　　　　　　73EJF3：96
右前騎士褋里〔57〕刑禁〔58〕　卩　左前騎士安國里朱輔〔59〕　卩　中營騎士
千秋〔60〕里孫章〔61〕　丿　　　　　　　　　　　　　73EJF3：97
右前騎士延年〔62〕里楊放〔63〕　卩　左前騎士累山里許良〔64〕　卩　中營左
騎士金城〔65〕里左陽〔66〕　卩　　　　　　　　　　　73EJF3：98
☑卩　左前騎士累山里祝隆〔67〕　卩　☑　　　　　　　73EJF3：280

右前騎士褳里孫長〔68〕　　左前騎士累山里樊戎〔69〕　卩　中營左騎士白石〔70〕
里侯博〔71〕　卩　　　　　　　　　　　　　　　　　　　73EJF3：359

【校釋】

　　「侯」字姚磊（2016F6）、（2018E，75頁）釋作「焦」。今按，該字圖版作
形，為漢簡「侯」字普遍寫法，釋「焦」非。

右前騎士全稽〔72〕里郭隆〔73〕　　左前騎士白石里鄭立〔74〕　卩　中營右騎士
龍起〔75〕里孫房〔76〕　　卩　　　　　　　　　　　　　　73EJF3：361
右前騎士全稽里成功恭〔77〕　卩　　左前騎士安國里孫赦〔78〕　卩　中營左騎
士陽里□□▨　　　　　　　　　　　　　　　　　　　　　　73EJF3：362
右前騎士富里周並〔79〕　卩　　左前騎士累山里蕭霸〔80〕　　卩　　中營右騎士安
樂里房陽〔81〕卩　　　　　　　　　　　　　　　　　73EJF3：416+364
▨　左前騎士孤山里張護□　　卩　　中營右騎士□□里朱嘉〔82〕　　卩
　　　　　　　　　　　　　　　　　　　　　　　　　　73EJF3：365

【校釋】

　　「護」下未釋字姚磊（2017I4）、（2018E，75頁）認為可能是書手刮削後的殘
留，故釋文中不應再保留，當刪除。今按，說可從，暫從整理者釋文。

右前騎士長樂〔83〕里莊成〔84〕　　卩　左前騎士陽里張崇〔85〕　卩　中營右騎
士富里任並〔86〕　　　　　　　　　　　　　　　　　　73EJF3：366
右前騎士中宿里蘇永〔87〕　卩　　左前騎士通澤里張宗〔88〕　　▨
　　　　　　　　　　　　　　　　　　　　　　　　　　73EJF3：413
右前騎士中宿里徐嚴〔89〕　　卩　　左前騎士富里韓慶▨　　73EJF3：414
▨□騎士肩水里刑並〔90〕　　卩　　　　　　　　　　　　73EJF3：556

【校釋】

　　未釋字原作「前」，該字大部分殘去，而該簡剩餘部分為簡牘最後面一段，據
相關文例來看，其前面殘斷處為「中營左」或「中營右」，因此未釋字當為「左」或
「右」字。

　　又以上三十五枚簡形制、字體筆迹相同，內容相關，當原屬同一簡冊，或可復
原編連。姚磊（2018E，75頁）、趙爾陽（2018B，332頁）、郭偉濤（2019D，283頁）
亦將上述三十五枚騎士名籍簡編連為同一簡冊。

【集注】

〔1〕闆都：里名。

〔2〕任憲：人名，為騎士。

〔3〕陽里：里名。

〔4〕張嚴：人名，為騎士。

〔5〕中宿：里名。

〔6〕鄭戎：人名，為騎士。

〔7〕趙嚴：人名，為騎士。

〔8〕通澤：里名。

〔9〕李嚴：人名，為騎士。

〔10〕安樂：里名。

〔11〕范良：人名，為騎士。

〔12〕鳴沙：里名。

〔13〕尚詡：人名，為騎士。

〔14〕華賞：人名，為騎士。

〔15〕當遂：里名。

〔16〕蕭仁：人名，為騎士。

〔17〕廣郡：里名。

〔18〕孫長：人名，為騎士。

〔19〕宋章：人名，為騎士。

〔20〕富里：里名。

〔21〕李立：人名，為騎士。

〔22〕仁里：里名。

〔23〕楊意：人名，為騎士。

〔24〕廣都：里名。

〔25〕馮恭：人名，為騎士。

〔26〕遮虜：里名。

〔27〕戴林：人名，為騎士。

〔28〕安國：里名。

〔29〕孤山：里名。

〔30〕郭賀：人名，為騎士。

〔31〕孫政：人名，為騎士。

〔32〕累山：里名。

〔33〕蘇慶：人名，為騎士。

〔34〕韓宮：人名，為騎士。

〔35〕萬歲：里名。

〔36〕衣戎：人名，為騎士。

〔37〕任當：人名，為騎士。

〔38〕孫賞：人名，為騎士。

〔39〕亓黨：人名，為騎士。

〔40〕三十井：里名。

〔41〕趙詡：人名，為騎士。

〔42〕單崇：人名，為騎士。

〔43〕周護：人名，為騎士。

〔44〕顏立：人名，為騎士。

〔45〕三泉：里名。

〔46〕張建：人名，為騎士。

〔47〕肩水：里名。

〔48〕馮陽：人名，為騎士。

〔49〕李誼：人名，為騎士。

〔50〕張豐：人名，為騎士。

〔51〕李豐：人名，為騎士。

〔52〕昌里：里名。

〔53〕刑戎：人名，為騎士。

〔54〕誠埶：里名。

〔55〕馬護：人名，為騎士。

〔56〕宋多：人名，為騎士。

〔57〕褋里：里名。

〔58〕刑禁：人名，為騎士。

〔59〕朱輔：人名，為騎士。

〔60〕千秋：里名。

〔61〕孫章：人名，為騎士。

〔62〕延年：里名。

〔63〕楊放：人名，為騎士。

〔64〕許良：人名，為騎士。

〔65〕金城：里名。

〔66〕左陽：人名，為騎士。

〔67〕祝隆：人名，為騎士。

〔68〕孫長：人名，為騎士。

〔69〕樊戎：人名，為騎士。

〔70〕白石：里名。

〔71〕侯博：人名，為騎士。

〔72〕全稽：里名。

〔73〕郭隆：人名，為騎士。

〔74〕鄭立：人名，為騎士。

〔75〕龍起：里名。

〔76〕孫房：人名，為騎士。

〔77〕成功恭：人名，為騎士。

〔78〕孫赦：人名，為騎士。

〔79〕周並：人名，為騎士。

〔80〕蕭霸：人名，為騎士。

〔81〕房陽：人名，為騎士。

〔82〕朱嘉：人名，為騎士。

〔83〕長樂：里名。

〔84〕莊成：人名，為騎士。

〔85〕張崇：人名，為騎士。

〔86〕任並：人名，為騎士。

〔87〕蘇永：人名，為騎士。

〔88〕張宗：人名，為騎士。

〔89〕徐嚴：人名，為騎士。

〔90〕刑並：人名，為騎士。

右前騎士仁里〔1〕李恭〔2〕　☑　　　　73EJF3：5

【集注】

〔1〕仁里：里名。

〔2〕李恭：人名，為騎士。

右前騎士富里〔1〕鳳當〔2〕　　☒　　　　　　　　73EJF3：9

☒□士富里鳳則〔3〕　　☒　　　　　　　　　　73EJF3：531

【校釋】

　　「富」字原作「曹」，姚磊（2017I4）釋。又以上兩簡姚磊（2018E，78頁）認為書手相同，但不能肯定是否可歸類編連。今按，其說是，兩簡或原屬同一簡冊。

【集注】

〔1〕富里：里名。

〔2〕鳳當：人名，為騎士。

〔3〕鳳則：人名。

中營左騎士富里〔1〕宋多〔2〕　　□　　☒　　　　73EJF3：15

【集注】

〔1〕富里：里名。

〔2〕宋多：人名，為騎士。

中營右騎士安樂〔1〕里□☒　　　　　　　　　　73EJF3：16

【校釋】

　　未釋字郭偉濤（2019D，284頁）作「范」。今按，說當是，但該字殘斷，僅存一點墨迹，暫從整理者釋。

【集注】

〔1〕安樂：里名。

☒中營右騎士平明〔1〕里張宗〔2〕　　　　　　　73EJF3：17

【集注】

〔1〕平明：里名。

〔2〕張宗：人名，為騎士。

右前騎士安國〔1〕里史永〔2〕　　丿　☒　　　　　73EJF3：20

【集注】

〔1〕安國：里名。

〔2〕史永：人名，為騎士。

中營右騎士中宿〔1〕里鄭戎〔2〕　・　☒　　　　73EJF3：23

右前騎士中宿里單崇〔3〕　　・　☒　　　　　　73EJF3：241

☒士中宿里鄭忠〔4〕　　・　☒　　　　　　　　73EJF3：248

右前騎士中宿里刑戎〔5〕　　・　☒　　　　　　73EJF3：358

右前騎士中宿里召永〔6〕　・☒　　　　　　　　73EJF3：363

【校釋】

以上五簡姚磊（2018E，78 頁）認為當為同一書手寫就，格式亦相同，可歸為同類，編連在一起。今按，說是。五簡形制、字體筆迹等一致，內容關聯，當原屬同一簡冊，可編連。

【集注】

〔1〕中宿：里名。

〔2〕鄭戎：人名，為騎士。

〔3〕單崇：人名，為騎士。

〔4〕鄭忠：人名，為騎士。

〔5〕刑戎：人名，為騎士。

〔6〕召永：人名，為騎士。

☒□騎士陽里〔1〕張嚴〔2〕　　卩☒　　　　　73EJF3：32

【集注】

〔1〕陽里：里名。

〔2〕張嚴：人名，為騎士。

寒虜〔1〕隧卒河東聞憙邑樓里〔2〕樂欣〔3〕，年三十三　　73EJF3：35

【集注】

〔1〕寒虜：隧名。或即塞虜隧。

〔2〕樓里：里名，屬聞喜邑。

〔3〕樂欣：人名，為戍卒。

郭卒趙詡〔1〕　迎粟囊他　十二月十二日出　☒　　　　73EJF3：36+503

【校釋】

　　姚磊（2016G3）綴，後一「十」字原簡73EJF3：36作「癸」，綴合後釋。

【集注】

〔1〕趙詡：人名，為郭卒。

占所乘用騮騩牡馬一匹，齒七歲　　☒　　　　　　　　73EJF3：37

右前騎士闟都〔1〕里李誼〔2〕、毌馬，十二月壬戌，北出　☒　　73EJF3：47

【校釋】

　　「闟」原作「關」，李洪財（2017）釋。

【集注】

〔1〕闟都：里名。

〔2〕李誼：人名，為騎士。

南陽郡杜衍亭長垣黨〔1〕，年卌五（上）

軺車一乘

六月庚子出（下）

用馬一匹，騮牝、齒七歲、高六尺二寸　　　　73EJF3：48+532+485

【集注】

〔1〕垣黨：人名，為亭長。

大車一兩

觻得萬歲〔1〕里公乘冷臨〔2〕，年卅一

用牛二，黑、齒十歲

73EJF3：49+581

【集注】

〔1〕萬歲：里名，屬觻得縣。

〔2〕冷臨：人名。

欽、卒韓長〔1〕宿隧中樂城十一日，與安農〔2〕隧長馮承〔3〕

73EJF3：52+504

【校釋】

姚磊（2016G2）綴。

【集注】

〔1〕韓長：當為戍卒名。

〔2〕安農：隧名。

〔3〕馮承：人名，為安農隧長。

橐他守塞尉枚常〔1〕　追還　◻　　　　　　　　73EJF3：55

【集注】

〔1〕枚常：人名，為橐他守塞尉。

就人扶安國圍李里〔1〕黃晏〔2〕，年卅五　用牛三丿　為人小短、黃白色、毋

須　◻　　　　　　　　　　　　　　　　　　　73EJF3：57A

四月甲寅，復致入　◻　　　　　　　　　　　　73EJF3：57B

【集注】

〔1〕李里：里名，屬圍縣。

〔2〕黃晏：人名，為就人。

■右二人屬肩水要虜〔1〕隧　◻　　　　　　　73EJF3：58

【集注】

〔1〕要虜：隧名。

◻　車牛一兩　◻　　　　　　　　　　　　　　73EJF3：59

◻◻陰里男子左音〔1〕，年六十二丿◻

◻　字子侯　◻　　　　　　　　　　　　　　　73EJF3：61

【集注】

〔1〕左音：人名。

　　□絮一斤　　　　　　　　　　　　　　　　　　73EJF3：62

　　　　　　　　　　觻得定國〔2〕里楊□□
功曹史宋敵〔1〕葆　子小男小子□□
　　　　　　　　　　同縣成□☑　　　　　　　　　73EJF3：65

【集注】

　〔1〕宋敵：人名，為功曹史。

　〔2〕定國：里名，屬觻得縣。

出麥九斛　稟禽寇〔1〕隧卒莊武〔2〕三月、三月、五月食　73EJF3：83

【集注】

　〔1〕禽寇：隧名。

　〔2〕莊武：人名，為戍卒。

出粟三斛　稟獲胡〔1〕隧卒張恩〔2〕八月食　　　73EJF3：84

【集注】

　〔1〕獲胡：何茂活（2017C，135 頁）：「獲胡」之「獲」亦即俘獲之意。

　　　　　今按，說是。獲胡為隧名。

　〔2〕張恩：人名，為戍卒。

出糒一斛五斗　已　稟第六卒李襃〔1〕三月食　官　73EJF3：85

【集注】

　〔1〕李襃：人名，為戍卒。

出麥二石　稟如意〔1〕隧長淳于賞〔2〕七月食　亅　73EJF3：86

【集注】

　〔1〕如意：隧名。

　〔2〕淳于賞：人名，為如意隧長。

出粟三斛亅　亅　稟辟之〔1〕隧長華豐〔2〕十二月食　十二月五日自取
　　　　　　　　　　　　　　　　　　　　　　　73EJF3：87

【集注】

〔1〕辟之：隧名。

〔2〕華豐：人名，為辟之隧長。

出粟三斛三斗三升少　稟要害〔1〕隧卒孟崇〔2〕八月食　八月一日自取　泰

十　丿　　　　　　　　　　　　　　　　　　　　　　　73EJF3：88

【集注】

〔1〕要害：隧名。

〔2〕孟崇：人名，為戍卒。

　　　　　　　　　　　　　　　　牛車一兩

要害〔1〕隧長張順〔2〕保　妻請〔3〕，年卅五

　　　　　　　　　　　　　　　　用牛三頭　　　73EJF3：89

【集注】

〔1〕要害：隧名。

〔2〕張順：人名，為要害隧長。

〔3〕請：人名，為張順妻。

■右驛馬二匹　用穀十泰斛三斗　為大石十石三斗三升　　73EJF3：90

・寂凡士百廿人，馬百卅二匹　其十二匹萃馬〔1〕　　73EJF3：91

【校釋】

　　「寂」原作「取」，字作 寂 形，當釋「寂」，寂即最。

【集注】

〔1〕萃馬：于豪亮（1961，452頁）：《方言》12：「萃，待也，又副益也。」故萃馬
即副馬，亦即待用之馬。

　　　今按，說是。《漢書・趙充國傳》：「至四月草生，發郡騎及屬國胡騎伉健
各千，倅馬什二，就草，為田者游兵。」顏師古注：「倅，副也。什二者，千
騎則與副馬二百匹也。」

　　　　　　　　　　　入中舍泉三百，三月甲　辰，置吏並〔1〕受中舍

■凡入泉三千三百三十八

　　　　　　　　　　　其二千八百桼十中舍泉，當　償　　　　73EJF3：92

　　【集注】

　　　〔1〕並：人名，為置吏。

居延尉史杜敞〔1〕　七月壬辰，北，嗇夫欽〔2〕出　　　　　73EJF3：93

　　【集注】

　　　〔1〕杜敞：人名，為居延尉史。

　　　〔2〕欽：人名，為關嗇夫。

出米五斗三升　五月己酉，給食宣辨軍宣司馬、司馬郭長、司馬王闌、李候、

弇候五人，積十八人　　　　　　　　　　　　　　　　　　73EJF3：94

並山〔1〕隧長毛訒〔2〕葆　作者鱳得廣穿〔3〕里公乘莊循〔4〕，年卅

　　　　　　　　　　　　　　　　　　　　　　　　　　　73EJF3：95

　　【集注】

　　　〔1〕並山：隧名。

　　　〔2〕毛訒：人名，為並山隧長。

　　　〔3〕廣穿：里名，屬鱳得縣。

　　　〔4〕莊循：人名。

左前騎士陽里〔1〕鄭馮〔2〕　　　・　　　　　　　　73EJF3：99

　　【校釋】

　　　「・」原作「丿」，姚磊（2018E，76頁）釋。

　　【集注】

　　　〔1〕陽里：里名。

　　　〔2〕鄭馮：人名，為騎士。

中營左騎士白石〔1〕里侯博〔2〕　　　　　　　　　73EJF3：100

【校釋】

「侯」姚磊（2016F6）、（2018E，76頁）釋作「焦」。今按，該字圖版作 形，為漢簡「侯」字普遍寫法，釋「焦」非。

【集注】

〔1〕白石：里名。

〔2〕侯博：人名，為騎士。

☑☑粟大石二十五石〔1〕　始建國二年十月甲寅〔2〕，肩水掌官士吏惲〔3〕受
貲家居延萬歲〔4〕里衣戎〔5〕、就人西道〔6〕里王竟〔7〕　　　　73EJF3：101
入居延轉車一兩，粟大石二十五石　始建國二年十月丁未〔8〕，肩水掌官士吏
惲受貲家廣都〔9〕里社惲〔10〕、就人平明〔11〕里☑☑　　　　73EJF3：106
☑兩，粟大石二十五石　始建國二年十月戊申〔12〕，肩水掌官士吏惲受適吏
〔13〕李忠〔14〕、就人居延市陽〔15〕里席便〔16〕　　　　73EJF3：107
☑入居延轉車一兩，粟大石二十五石　始建國二年十月甲寅，肩水掌官士吏
惲☑☑☑☑　　　　73EJF3：192
入居延轉車一兩，粟大石二十五石　始建國二年十月丁未，肩水掌官士☑
　　　　73EJF3：405
入居延轉車一兩，粟大石二十五石　始建國二年十月戊申，肩水☑
　　　　73EJF3：459

【校釋】

「五」徐佳文（2017A）釋作「六」，姚磊（2017D6）認為當從整理者原釋。今
按，明顯為「五」，釋「六」非。

入居延轉車一兩，粟大石二十五石　始建國二年十月丁未，肩水掌官士吏惲
受☑☑　　　　73EJT21：145+73EJF3：463

【校釋】

雷海龍（2017，92頁）綴，「粟」原作「麇」，綴合後釋。

入居延轉車一兩，粟☑　　　　73EJF3：474
入居延轉車一兩，粟大☑　　　　73EJF3：553
☑☑戴順〔17〕，就人敬老〔18〕里毛☑　　　　73EJF3：537

□延累山〔19〕里趙彭〔20〕，就人角得博庠〔21〕里王成□　　　73EJF3：558

【校釋】

　　以上十一簡出土於同一地點，形制一致，字體筆迹相同，內容關聯，當屬同一簡冊，可以編連。其中簡 73EJF3：537、73EJF3：558 由姚磊（2017I2）、（2020C，117 頁）補充，其餘九簡為我們編連。從內容上來看，簡文中常見「居延轉車」「始建國二年」「肩水士吏惲」等，當為所入轉車的記錄。又金關漢簡可見相關簿籍的標題簡，如「元康三年六月己卯轉車入關名籍」（73EJT5：3）、「神爵元年五月轉車名籍」（73EJT29：103）等，因此，上述十一簡當可編連為同一簡冊，可稱之為「轉車入關名籍」或「轉車名籍」。

【集注】

〔1〕大石二十五石：裘錫圭（1996，217 頁）：從漢簡所記的以車運糧的情況來看，當時確以一車載大石二十五石為常規，但有時也有一車載到大石三十石的；而在運麥時，可能由於麥的體積較粟為大，一車往往只載小石三十七石五斗，即大石二十二石五斗。此外，當然還會有一些我們不知道的不合常規的情況。各種不合常規的情況，主要當是由各種實際的需要造成的，跟運糧者是哪一種人並無多大關係。

　　　　今按，說是。上述簡冊顯示一車載粟大石二十五石。

〔2〕始建國二年十月甲寅：始建國，新莽年號。據徐錫祺（1997，1702 頁），始建國二年十月癸巳朔，二十二日甲寅，為公曆公元 10 年 10 月 18 日。

〔3〕惲：人名，為肩水掌官士吏。

〔4〕萬歲：里名，屬居延縣。

〔5〕衣戎：人名，為貲家。

〔6〕西道：里名。

〔7〕王竟：人名，為傭人。

〔8〕始建國二年十月丁未：據徐錫祺（1997，1702 頁），始建國二年十月癸巳朔，十五日丁未，為公曆公元 10 年 10 月 11 日。

〔9〕廣都：里名。

〔10〕社惲：人名，為貲家。

〔11〕平明：里名。

〔12〕始建國二年十月戊申：據徐錫祺（1997，1702 頁），始建國二年十月癸巳朔，十六日戊申，為公曆公元 10 年 10 月 12 日。

〔13〕適吏：當指遭受謫罰之吏。漢簡常見官吏被謫罰去運送糧食，該簡亦可為證。

〔14〕李忠：人名，為適吏。

〔15〕市陽：里名，屬居延縣。

〔16〕席便：人名，為傭人。

〔17〕戴順：人名。

〔18〕敬老：里名。

〔19〕累山：里名，屬居延縣。

〔20〕趙彭：人名。

〔21〕博庠：里名，屬觻得縣。角得即觻得。

☑孤山〔1〕里張護〔2〕　　　　　　　　　　　　　　73EJF3：102

【校釋】

「孤」原作「累」，姚磊（2017I4）、（2018E，76頁）釋。

【集注】

〔1〕孤山：里名。

〔2〕張護：人名。

出麥二石　稟臨渠〔1〕隧長張放〔2〕七月食　　☑　　　　73EJF3：108

【集注】

〔1〕臨渠：隧名。

〔2〕張放：人名，為臨渠隧長。

☑張掖城司馬印　葆從者龍起〔1〕里趙彭〔2〕，年二十　十月二十五日，南，
嗇夫昌〔3〕內　☑　　　　　　　　　　　　　　　　73EJF3：109

【集注】

〔1〕龍起：里名。

〔2〕趙彭：人名，為從者。

〔3〕昌：人名，為關嗇夫。

入粟黍石三斗二升○丿　受獲胡〔1〕隧長尹崩〔2〕，積一月二十三日還入祿☑

73EJF3：110

【集注】

〔1〕獲胡：隧名。

〔2〕尹崩：人名，為獲胡隧長。

入菱三百秦十束　始建國天鳳六年正月壬申〔1〕，掾習〔2〕受右後候長田宏〔3〕

73EJF3：113

【集注】

〔1〕始建國天鳳六年正月壬申：天鳳，王莽年號。據徐錫祺（1997，1719頁），天
　　鳳六年正月丙午朔，二十七日壬申，為公曆公元19年1月22日。

〔2〕習：人名，為掾。

〔3〕田宏：人名，為右後候長。

南陽郡氾鄉侯國〔1〕守尉周重〔2〕，年卅六（上）

軺車一乘

六月庚子出

用馬一匹，騩騹牝、齒八歲、高六尺二寸（下）　　　73EJF3：290+121

【集注】

〔1〕氾鄉侯國：南陽郡所屬侯國。《漢書・何武傳》：「武更為大司空，封氾鄉侯，
　　食邑千戶。氾鄉在琅邪不其，哀帝初即位，襃賞大臣，更以南陽犨之博望鄉為
　　氾鄉侯國，增邑千戶。」

〔2〕周重：人名，為氾鄉侯國守尉。

戍卒觻得壽貴〔1〕里公乘徐放〔2〕，年五十一　丿☒　　73EJF3：128

【集注】

〔1〕壽貴：里名，屬觻得縣。

〔2〕徐放：人名，為戍卒。

☒☐從者　　　　　軺車一乘　☒

　　　　　　　　　乘用馬一匹，驄☐☐☐☒

☒☐十一月壬辰出　乘用馬一匹，☐☒　　　　73EJF3：129

勇士〔1〕隧卒昭武長壽〔2〕里大夫戾普〔3〕，年二十八（上）
普弟當〔4〕，年二十丿　　大車一兩
　　　　　　　　用牛一頭（下）　　　　　　　　　73EJF3：130

【校釋】

　　下欄第一行「弟」韓鵬飛（2019，1713 頁）作「第」。今按，該字作 丿 形，據
字形當為「第」。但漢簡中「第」「弟」的使用常存在混同的情況，暫從整理者釋。

【集注】

〔1〕勇士：隧名。

〔2〕長壽：里名，屬昭武縣。

〔3〕戾普：人名，為戍卒

〔4〕當：人名，為戾普弟。

　　　　　　　　　　　　　　　　　　子男張〔3〕，年十三
常安善居〔1〕里大女汪就〔2〕，年二十八
　　　　　　　　　　　　　　　　　　子男元〔4〕，年六　73EJF3：131

【集注】

〔1〕善居：里名，屬長安縣。

〔2〕汪就：人名。姚磊（2018E，123 頁）認為其與 73EJF3：133 簡汪尚是夫妻關
　　　係。說當是。

〔3〕張：人名，為汪就子。

〔4〕元：人名，為汪就子。

卷尉里〔1〕公乘王憲〔2〕，年五十五、字子真丿　牛車一兩，用牛二頭，黑犗、
齒十歲　七月乙丑，北，嗇夫欽〔3〕出　　　　　　　　　73EJF3：132

【集注】

〔1〕尉里：里名，屬卷縣。

〔2〕王憲：人名。

〔3〕欽：人名，為關嗇夫。

常安善居〔1〕里公乘汪尚〔2〕，年三十八　十月十日入☒　　　73EJF3：133

【集注】

〔1〕善居：里名，屬長安縣。

〔2〕汪尚：人名。

　　　　　　為人小刑，黑色　革車一乘

居延尉史殷臨〔1〕

　　　　　　用馬一匹，騅駣、齒廿歲、高五尺八寸（上）

八月己丑，嗇夫欽〔2〕出（下）　　　　73EJF3：134+498+555

【集注】

〔1〕殷臨：人名，為居延尉史。

〔2〕欽：人名，為關嗇夫。

　　　　　　子上造奴〔2〕，年十五　一黃犗、齒十歲

觻得常樂〔1〕里公乘丁☒，年六十

　　　　　　大車一兩　　　　　一黑犗、齒十歲

　　　　　　　　　　　　　　　73EJF3：135

【校釋】

第一行「奴」原作「怒」，雷海龍（2017，80頁）釋。

【集注】

〔1〕常樂：里名，屬觻得縣。

〔2〕奴：人名。

　　　　　　為人中奘、毋須，方箱車一乘

觻得新成〔1〕里馮丹〔2〕，年廿五

　　　　　　觻得丞印一，用馬一匹，騮牝、高六尺二寸（上）

卩　二月廿九日，北，佐嘉〔3〕出（下）　　73EJF3：136+266

【集注】

〔1〕新成：里名，屬觻得縣。

〔2〕馮丹：人名。

〔3〕嘉：人名，為佐。

葆同縣長息〔1〕里上造張惲〔2〕，年卅、長七尺寸、黑色　　　73EJF3：137

【集注】

〔1〕長息：里名。

〔2〕張惲：人名。

　　　　　　　　小母居延延年〔3〕里解憲〔4〕

廣土〔1〕隧長孫黨〔2〕

　　　　　　　　　子女及〔5〕，年十三　　　　　　　　　73EJF3：138

【集注】

〔1〕廣土：隧名。

〔2〕孫黨：人名，為廣土隧長。

〔3〕延年：里名，屬居延縣。

〔4〕解憲：人名，為孫黨小母。

〔5〕及：人名，為孫黨女。

傭人填戎〔1〕樂里〔2〕下造王尚〔3〕，年三十三亅（上）

　　　　　　　　　　　　　　　　　大車一兩亅

作者同縣里下造杜歆〔4〕，年二十亅　　卩

　　　　　　　　　　　　　用牛二頭亅（下）73EJF3：139

【集注】

〔1〕填戎：據《漢書‧地理志》，新莽時期稱天水郡為填戎，又天水郡街泉縣莽曰
　　填戎亭。該簡填戎似為縣名，或指街泉縣。

〔2〕樂里：里名。

〔2〕王尚：人名，為傭人。

〔3〕杜歆：人名。

　　　　　　昭武安信〔3〕里房君實〔4〕，年三十五亅　　☑

累山〔1〕亭長富隆〔2〕葆　子女遠〔5〕，年十二亅　　　　大車一兩　　☑

　　　　　　　　子女置〔6〕，年三歲亅　　　　　　用牛二頭　　☑

　　　　　　　　　　　　　　　　　　　73EJF3：140

【集注】

〔1〕累山：亭名。

〔2〕富隆：人名，為累山亭長。

〔3〕安信：里名，屬昭武縣。

〔4〕房君實：人名。姚磊（2018E，123 頁）指出其當為累山亭長富隆的妻子。說
　　　當是。

〔5〕遠：人名，為富隆女。

〔6〕置：人名，為富隆女。

官大奴王則〔1〕，年廿　布二丈　絮一斤　　　　　　73EJF3：141

官大奴苟憲〔2〕，年廿六　布二丈　絮一斤　　　　　73EJF3：142

官大奴王便〔3〕，年廿六　布二丈☑　　　　　　　　73EJF3：527

【校釋】

　　以上三簡形制、字體筆迹相同，內容相關，當原屬同一簡冊，可編連。

【集注】

〔1〕王則：人名，為官大奴。

〔2〕苟憲：人名，為官大奴。

〔3〕王便：人名，為官大奴。

未使奴王陽〔1〕　用布一丈　十月戊戌，付奴王便〔2〕　　73EJF3：144

【集注】

〔1〕王陽：人名，為未使奴。

〔2〕王便：人名，為奴。

高顯〔1〕隧卒楊相〔2〕丿　亡　　　　　　　　　　73EJF3：145

【集注】

〔1〕高顯：隧名。

〔2〕楊相：人名，為戍卒。

☑一頭　五月丙午，食尹府守庫丞豐〔1〕一人三食　　　73EJF3：105

出魚三頭　五月辛巳，食奮怒□□王普掌簿□訢二人再食　☑ 73EJF3：146

出魚三頭　五月丙申，食奮怒司馬駱褒〔2〕官屬三人，人壹食　　☑

73EJF3：147

出魚十頭　五月甲辰，食奮怒司馬傅梁〔3〕官屬八人，人再食

73EJF3：355

【校釋】

以上四簡姚磊（2018D，359 頁）編連為同一簡冊。今按，其說是。四簡形制、字體筆迹一致，內容關聯，當原屬同一簡冊，可編連。我們曾編連 73EJF3：147、73EJF3：355 兩簡，且認為簡 73EJF3：146 亦或屬於同一簡冊，但考慮到簡 73EJF3：146 中的「頭」字和其他兩簡中的「頭」字不同，未能確定。現在看來，他們應當屬於同一簡冊。

【集注】

〔1〕豐：人名，為守庫丞。

〔2〕駱褒：人名。

〔3〕傅梁：人名。

左前騎士陽里〔1〕張放〔2〕　　　　　　　　　73EJF3：148

【集注】

〔1〕陽里：里名。

〔2〕張放：人名，為騎士。

西海輕騎張海〔1〕　　馬三匹、驢一匹　　丿　　　73EJF3：149

【集注】

〔1〕西海輕騎張海：王子今（2016B，210 頁）：肩水金關簡「西海輕騎張海」的事迹，豐富了我們對當時「西海郡」形勢的認識。而「馬三匹驢一匹」簡文，可以看作反映「驢」應用於「西海」地方交通運輸的文物實證。或許我們討論的敦煌馬圈灣簡文「驢五百匹驅驢士五十人之蜀」有可能經今青海草原通路南下至蜀的推想，也可以因此得到側面的補證。

今按，其說或是。張海為人名。

中營右騎士富里〔1〕趙膌〔2〕　　　　　　　　73EJF3：151

【集注】

〔1〕富里：里名。

〔2〕趙臄：人名，為騎士。

占所乘馬，驪牝、齒九歲、高六尺　軺車一乘　　　　　73EJF3：156

居延尉史徐嘉〔1〕　七月……北，嗇夫欽〔2〕出　　　　73EJF3：158

【校釋】

「七」原作「八」，姚磊（2016G6）釋。

【集注】

〔1〕徐嘉：人名，為居延尉史。

〔2〕欽：人名，為關嗇夫。

車一兩

貲家鉼庭〔1〕里魯護〔2〕

橐他（上）

用牛二

載粟大石廿五石，就人肩水〔3〕里郅憲〔4〕，年廿八

不入（下）

73EJF3：170

【集注】

〔1〕鉼庭：里名。

〔2〕魯護：人名，為貲家。

〔3〕肩水：里名。

〔4〕郅憲：人名，為僦人。

弟博年〔4〕，年十九 亅

茂縣〔1〕長壽〔2〕里趙訒〔3〕，年二十二

亅（上）

軺車一乘　用牛二頭

用馬一匹

大車一兩　八月十六日，北，嗇夫博〔5〕出（下）　　　　73EJF3：172

【集注】

〔1〕茂縣：黃浩波（2017D，180頁）：「茂縣」不見載於《漢書・地理志》，當是王莽所改地名而未為史書記載。就名稱推測，「茂縣」或由「茂陵」改易而來。今按，其說或是。

〔2〕長壽：里名，屬茂縣。

〔3〕趙詡：人名。

〔4〕博年：人名，為趙詡弟。

〔5〕博：人名，為關嗇夫。

樂得

河南陽武樂成〔1〕里紀岑〔2〕，年三十八

丞印（上）

作者酒泉平牛〔3〕里任匡〔4〕，年二十　十一月壬戌，北，嗇夫出　十二月三日，南

大車一兩，用牛二頭，黑勞犕、齒八歲，其一黃、齒十一　刂（下）

73EJF3：178A

刂　　　　　　　　　　　　　　　　　　　　　　73EJF3：178B

【集注】

〔1〕樂成：里名，屬陽武縣。

〔2〕紀岑：人名。

〔3〕平牛：里名。

〔4〕任匡：人名。

允吾左尉從史驥護〔1〕，年廿三　輺車一乘，用馬一匹，馴駮牝、齒五歲，已入。十二月甲午蚤食入　　　　　　　73EJF3：189+421

【校釋】

第一行簡末「已入」原作「刂入」，韓鵬飛（2019，1717頁）釋。今按，該兩字作 Ϝ 形，當為「刂入」合文。相同寫法還有「刂出」合文，其金關漢簡中一般釋作「已出」。因此該簡「刂入」可統一作「已入」。

【集注】

〔1〕驥護：人名，為左尉從史。

☑年廿　亅　　　　　　　　　　　　　　　　　　　73EJF3：191

予從事氏池昌平〔3〕里趙明〔4〕俱

左後候史張萌〔1〕辟書〔2〕橐他界中

輜車一乘、用馬一☑

73EJF3：198+194+578

【校釋】

簡 73EJF3：198+194 原整理者綴，姚磊（2016G3）又綴簡 73EJF3：578，綴合後補釋第一行「明」字。

【集注】

〔1〕張萌：人名，為左後候史。

〔2〕辟書：「辟」或義為治理。《左傳・文公六年》：「宣子於是乎始為國政，制事典，正法罪，辟刑獄。」杜預《注》：「辟，猶理也。」辟書或指治理文書。

〔3〕昌平：里名，屬氏池縣。

〔4〕趙明：人名，為從事。

入茭二百桼十束　始建國天鳳六年正月壬申〔1〕，掾習〔2〕受左前候長趙訢〔3〕

73EJF3：195

【集注】

〔1〕始建國天鳳六年正月壬申：天鳳，王莽年號。據徐錫祺（1997，1719 頁），天鳳六年正月丙午朔，二十七日壬申，為公曆公元 19 年 1 月 22 日。

〔2〕習：人名，為掾。

〔3〕趙訢：人名，為左前候長。

張掖後大尉　車一乘

延亭掾周能〔1〕　　　　　　　　　八月乙亥，南，嗇夫憲〔2〕入

馬一匹　　　　　　　　　　　73EJF3：524+209+200

【校釋】

簡 73EJF3：209+200 原整理者綴，尉侯凱（2016A）、（2017B，352 頁）又綴簡 73EJF3：524。「延亭掾周能」原作「張肩掾馬永」，綴合後釋。

【集注】

〔1〕周能：人名，為延亭掾。

〔2〕憲：人名，為關嗇夫。

☑令史導〔1〕受左前候史趙詡〔2〕　　　　　　　　　　　　73EJF3：203

【集注】

〔1〕導：人名，為令史。

〔2〕趙詡：人名，為左前候史。

……　大車一兩　　　　　　　　　　　　　　　　　　　　73EJF3：204

☑□鮑博，年廿　　　　　　　　　　　　　　　　　　　　73EJF3：210

戍卒觻得千秋〔1〕里上造□常，年十八　　亅　　　　　　73EJF3：215

【校釋】

「十」姚磊（2017J4）、（2018E，201 頁）認為也可能是「廿」「卅」「冊」等字，當存疑不釋。今按，姚說可從，該簡右半殘缺，不能確知，此暫從整理者釋。

【集注】

〔1〕千秋：里名，屬觻得縣。

出稾程三斛　出入　稾□□胡隧長賈過〔1〕、王勤〔2〕等二人　十月食

73EJF3：226A+247A

研研研研研研研（習字）　　　　　　　　　　　　　　　73EJF3：226B+247B

【校釋】

A 面「胡」上一字姚磊（2017C2）補「夷」。今按，補釋或可從，但未釋字圖版殘斷，不能確知，當從整理者釋。

【集注】

〔1〕賈過：人名，為隧長。

〔2〕王勤：人名。

牛一頭　　☑　　　　　　　　　　　　　　　　　　　　73EJF3：227

☑富里韓宮〔1〕　　　　　　　　　　　　　　　　　　　73EJF3：230

【集注】

〔1〕韓宮：人名。

☑徙缺　☐☐　　　　　　　　　　　　　　　　　73EJF3：231

☑束　　　　　　　　　　　　　　　　　　　　　　73EJF3：233

望泉〔1〕吏耿尚〔2〕見，段放〔3〕見。　　治渠卒郭建〔4〕見　猛胡〔5〕吏王相
　　　　　　　　　　　　　　　　　　　　　　　　　　　　　　〔6〕見丿

滅胡〔7〕卒杜惲〔8〕見，安長受三月☐　　第六〔9〕吏　　　　夷胡〔10〕吏
　　　　　　　　　　　　如意〔11〕吏封憲〔12〕見　收降〔13〕吏
　　　　　　　　　　　　辟非〔14〕吏　　　　　　受降〔15〕吏
　　　　　　　　　　3EJF3：251A+636B+562A+234A+445A

　　　　　丿平樂〔16〕吏六月亡弩三　受降吏王晏〔17〕見
　　　　　萬禮〔18〕吏周望〔19〕見，毋卒

登山〔20〕吏二月亡弩三　彊新〔21〕吏王護〔22〕六月十三日亡，卒賈惲〔23〕見
要虜〔24〕吏六月亡弩三　憙吏來舉亡

　　　　　　　73EJF3：445B+251B+636A+562B+234B

【校釋】

　　B面第二行「禮」原作「福」，雷海龍（2017，89頁）釋。A面第二行「第」韓鵬飛（2019，1720頁）作「弟」。今按，該字作 形，據字形當為「弟」。但漢簡中「第」「弟」的使用常存在混同的情況，暫從整理者釋。

【集注】

〔1〕望泉：隧名。

〔2〕耿尚：人名，為望泉吏。

〔3〕段放：人名，為望泉吏。

〔4〕郭建：人名，為治渠卒。

〔5〕猛胡：隧名。

〔6〕王相：人名，為猛胡吏。

〔7〕滅胡：隧名。

〔8〕杜惲：人名，為滅胡卒。

〔9〕第六：隧名。

〔10〕夷胡：隧名。

〔11〕如意：隧名。

〔12〕封憲：人名，為如意吏。

〔13〕收降：隧名。

〔14〕辟非：隧名。

〔15〕受降：隧名。

〔16〕平樂：隧名。

〔17〕王晏：人名，為受降吏。

〔18〕萬禮：隧名。

〔19〕周望：人名，為萬禮吏。

〔20〕登山：隧名。

〔21〕彊新：隧名。

〔22〕王護：人名，為彊新吏。

〔23〕賈惲：人名，為彊新卒。

〔24〕要虜：隧名。

☑字子經　以十月十三日，嗇夫常〔1〕出　　　　　　　73EJF3：237

【集注】

　〔1〕常：人名，為關嗇夫。

☑卒蒼嘉〔1〕丿　出　　　　　　　　　　　　　　　73EJF3：239

【集注】

　〔1〕蒼嘉：人名，為卒。

　　　　　　　　　　　　　　　　大車一兩

昭武擅利〔1〕里公乘趙鳳〔2〕，年卌五　　　　　七月乙亥，南☑

　　　　　　　　　　　　　　　　用牛四頭　　　73EJF3：240

【集注】

　〔1〕擅利：里名，屬昭武縣。

　〔2〕趙鳳：人名。

右大尉書吏耿昌〔1〕葆　妻昭武久長〔2〕里耿經〔3〕，年二十。八月十六日，
北，嗇夫博〔4〕出　　　　　　　　　　　　　　　73EJF3：245+497

【集注】

〔1〕耿昌：人名，為書吏。

〔2〕久長：里名，屬昭武縣。

〔3〕耿經：人名，為為耿昌妻。

〔4〕博：人名，為關嗇夫。

	酒泉右農	萌婞遷☑
長安張里〔1〕☑萌，年卅八	右丞	子女☑☑
		子男☑

73EJF3：252

【集注】

〔1〕張里：里名，屬長安縣。

☑熒陽直里〔1〕黃霸〔2〕，年廿七、字君☑☑　　　73EJF3：253

【集注】

〔1〕直里：里名，屬熒陽縣。

〔2〕黃霸：人名。

葆子男鞮汙〔1〕里上造鄭並〔2〕，年十三　　☑　　　73EJF3：255

【集注】

〔1〕鞮汙：里名。

〔2〕鄭並：人名。

☑軺車一乘　　☑
☑馬一匹，驪駮牡、齒十四歲、高五尺八寸　　☑　　73EJF3：256

守令史孫習〔1〕　召詣府　　　　　　　　　　　73EJF3：258

【集注】

〔1〕孫習：人名，為守令史。

萬六百三十三　　　　　　　　　　　　　　　　73EJF3：259

敬〔1〕受令史毛何〔2〕案六具，付江博〔3〕　　　　　　　　73EJF3：260

【集注】

〔1〕敬：人名。

〔2〕毛何：人名，為令史。

〔3〕江博：人名。

未得穀　　　　　　　　　　　　　　　　　　　　　　73EJF3：262

　　　　　其八人牧　　☑

☑□三人

　　　　　二人病　　☑　　　　　　　　　　　　　　73EJF3：264

　　　　　　　　受鈇〔2〕二　鐴二　軸二

・右十人董猛掌〔1〕

　　　　　　　斤斧各一　鋸二　輻三　　　　　73EJF3：269+597

【集注】

〔1〕董猛掌：「董猛」似為人名。掌即主管。

〔2〕鈇：鍘刀。用以鍘草。《說文・金部》：「鈇，斫莝刀也。」

居延守尉史東郭護〔1〕　　卩　☑　　　　　　　　　3EJF3：270

【集注】

〔1〕東郭護：人名，為守尉史。

居延西道〔1〕里男子王放〔2〕，年十七　步廣地遮隧長王弘〔3〕子也，弘葆　八
月己丑，南，嗇☑　　　　　　　　　　　　　　73EJF3：271+473

【校釋】

姚磊（2016G2）綴，綴合後補釋「地」字。

【集注】

〔1〕西道：里名，屬居延縣。

〔2〕王放：人名，為王弘子。

〔3〕王弘：人名，為隧長。

戍卒觻得當成〔1〕里公乘張博〔2〕，年卌五　　丿　☑　　73EJF3：272

【集注】

〔1〕當成：里名，屬觻得縣。

〔2〕張博：人名，為戍卒。

田卒河南郡新鄭東成〔1〕里公乘蔡己〔2〕，年卅　　☒　　　　　73EJF3：276

【集注】

〔1〕東成：里名，屬新鄭縣。

〔2〕蔡己：人名，為田卒。

千秋〔1〕隧長辛匡〔2〕　詣府　八月廿六日，南入，九月廿四日出

73EJF3：277+479

【校釋】

　　姚磊（2016G3）綴。

【集注】

〔1〕千秋：隧名。

〔2〕辛匡：人名，為隧長。

廣利〔1〕隧長魯武〔2〕葆　從弟昭武便處〔3〕里魯豐〔4〕，年卅丿　　☒

73EJF3：278

【集注】

〔1〕廣利：隧名。

〔2〕魯武：人名，為隧長。

〔3〕便處：里名，屬昭武縣。

〔4〕魯豐：人名，為魯武從弟。

又二斗五升

出糒一斛□斗五升

凡三斛（上）

稟彊斷〔1〕卒李〔2〕二月食　盡二月晦食　□☒（下）　　　　73EJF3：279

【集注】

〔1〕彊斷：當為隧名。

〔2〕李：人名，為戍卒。

☑萬福〔1〕隧卒高甲〔2〕　　☑　　　　　　　　　　　　73EJF3：285

【校釋】

　　「高」字原作「齊」，秦鳳鶴（2018C，284 頁）釋作「高」。今按，該字作![高]形，釋「高」可信。

【集注】

〔1〕萬福：隧名。

〔2〕高甲：人名，為戍卒。

　　長斧刃一枚破　　瓦斗少一枚　　四戶毋戍籥〔1〕　　甖少一枚　　汲瓵〔2〕毋
□亡

　　……　　　　　　　　　　　　　　　　　　　　　　　73EJF3：289

【集注】

〔1〕戍籥：「籥」同「鑰」，為鎖鑰。《史記・魯仲連鄒陽列傳》：「魯人投其籥，不
　　果納。」司馬貞《索隱》：「謂闔門不入齊君。」張守節《正義》：「籥即鑰匙也。
　　投鑰匙於地。」「戍」通「牡」，為關閉門的直閂，上穿橫閂下插於地。則戍籥
　　當為閉門直閂上的鑰匙。

〔2〕汲瓵：中國簡牘集成編輯委員會（2001J，254 頁）：瓵，一種小甕，圓口，深
　　腹，圈足，用以盛酒或水。

　　　　莊小霞（2017，84 頁）：瓵，是一種圓口深腹圈足甕，可以盛酒或水……
　　「汲瓵」，應是用來汲水。

　　　　今按，諸說是。瓵為小甕，《漢書・揚雄傳下》：「今學者有祿利，然尚不
　　能明《易》，又如《玄》何？吾恐後人用覆醬瓵也。」顏師古注：「瓵，音部，
　　小罌也。」汲瓵即用來打水的瓵。

　　　　　　奉明故廣〔2〕里公乘王尚〔3〕，年三十五　　☑
置佐孫宏〔1〕葆
　　　　　　從者觻得富昌〔4〕里公士張惲〔5〕，年十二　　□☑
　　　　　　　　　　　　　　　　　　　　　　77EJF3：511+306+291

【校釋】

　　第一行「奉明」原作「幸朋」，黃浩波（2016D）、（2017D，182 頁）釋。

【集注】

〔1〕孫宏：人名，為置佐。

〔2〕故廣：里名，屬奉明縣。

〔3〕王尚：人名。

〔4〕富昌：里名，屬觻得縣。

〔5〕張惲：人名，為從者。

定粟三石五斗枲升　　□□□　　　　　　　　73EJF3：304A+529A

八人直五千八百，王長二千一十二泉　　　　　73EJF3：529B+304B

☑　□元卅　張仲〔1〕百　☑　　　　　　　73EJF3：305

【集注】

〔1〕張仲：當為人名。

任士─────────────────☑　　73EJF3：307A

□士三　☑　　　　　　　　　　　　　　　　73EJF3：307B

【校釋】

B面「三」字為同於A面的三橫畫。

善穀十九斛三斗，當加穀三十八斛八斗，定當出三百　　73EJF3：312

角得千秋〔1〕里王放〔2〕，年三十五　　　　73EJF3：314

【集注】

〔1〕千秋：里名，屬觻得縣。角得即觻得。

〔2〕王放：人名。

☑公乘耿誼〔1〕，年卅八　丿　　　　　　　　73EJF3：321

【集注】

〔1〕耿誼：人名。

　　　　　　　昭武便處〔2〕里公乘韓放〔3〕，年五十丿

·右大尉屬韓況〔1〕葆　母廉〔4〕，年三十五丿，普弟玄〔5〕，年十二丿

　　　　　　　況弟普〔6〕，年十五丿，羊二入丿（上）

大車一兩　　　　　二月一日卒李
用牛二頭　牛二入丿　譚〔7〕入（下）　　　　　　　　　73EJF3：326

【校釋】

　　上欄兩個「弟」韓鵬飛（2019，1725 頁）作「第」。今按，該兩字分別作 、
形，據字形當為「第」。但漢簡中「第」「弟」的使用常存在混同的情況，暫從整
理者釋。

【集注】

〔1〕韓況：人名，為右大尉屬。

〔2〕便處：里名，屬昭武縣。

〔3〕韓放：人名。

〔4〕廉：人名，為韓況母。

〔5〕玄：人名，為普弟。

〔6〕普：人名，為韓況弟。

〔7〕李譚：人名，為戍卒。

熒陽陳偉〔1〕取泉二百，用鈹〔2〕當泉出梁谷之　　　　　73EJF3：331

【校釋】

　　「熒」字原作「滎」。趙爾陽（2016B）曾認為金關漢簡前四冊中的「滎陽」均
當作「熒陽」。其說是，該簡亦當作「熒陽」，據改。

【集注】

〔1〕陳偉：人名。

〔2〕鈹：中國簡牘集成編輯委員會（2001J，11 頁）：兵器，一說為雙刃刀，一說為
　　大矛。

　　　　今按，說是。該簡亦不能斷定所指為何。

入脂勺一王請青（習字）　　　　　　　　　　　　　　　73EJF3：332

前遂〔1〕大夫史魯陽尚里〔2〕龐道〔3〕葆　樂官丞印（上）
從者尚里王偉〔4〕，年三十　八月丁未，北，嗇夫昌〔5〕出
輜車一乘，用馬一匹，驪駮、齒五歲、高六尺（下）　　　73EJF3：344

【集注】

〔1〕前遂：當即前隊。《漢書·地理志上》：「南陽郡，秦置。莽曰前隊。」

〔2〕尚里：里名，屬魯陽縣。

〔3〕龐遒：人名。

〔4〕王偉：人名，為從者。

〔5〕昌：人名，為關嗇夫。

甲卒平明〔1〕里陳崇〔2〕，年三十　大車一兩，用牛二頭　刀　73EJF3：346

【校釋】

　　「甲」字原作「田」，趙爾陽（2018A）認為其當釋「甲」。今按，該字作　　形，從字形來看確為「甲」，又漢簡中釋作「田卒」的「田」寫成「甲」的情況還有出現，因此其或存在有「甲卒」這樣一種卒。此從趙爾陽（2018A）釋。

　　姚磊（2018E，209 頁）認為該簡和簡 73EJF3：371 兩簡文書格式較為相似，懷疑是同一冊書。今按，其說或是。

【集注】

〔1〕平明：里名。

〔2〕陳崇：人名。

城倉丞　　軺車一乘

居延城倉令史曹相〔1〕

　　　　　　用馬一匹，騂牝、齒八歲、高五尺八寸（上）

六月戊寅，北，嗇夫欽〔2〕出（下）　　　　　　　73EJF3：347

【集注】

〔1〕曹相：人名，為居延城倉令史。

〔2〕欽：人名，為關嗇夫。

臨澤〔1〕候史西方級〔2〕　　詣府　用馬一匹　　　73EJF3：348A

七月晦北　　　　　　　　　　　　　　　　　73EJF3：348B

【集注】

〔1〕臨澤：當為候部名。

〔2〕西方級：人名，為候史。

出米一斗二升　八月丙戌，給食居延助府書佐國永〔1〕、永從者，往來積四人，

人三升　　　　　　　　　　　　　　　　　　　　73EJF3：349

【集注】

〔1〕國永：人名，為居延助府書佐。

中營左騎士金城〔1〕里左陽〔2〕　　　　　　　　73EJF3：351

【集注】

〔1〕金城：里名。

〔2〕左陽：人名，為騎士。

從者天水〔1〕安世〔2〕里下造張崇〔3〕，年三十」　　73EJF3：354

【集注】

〔1〕天水：黃浩波（2016D）：新莽簡。疑天水為縣名。今按，其說或是。

〔2〕安世：里名。

〔3〕張崇：人名，為從者。

常安庫宰王延壽〔1〕，年羕十一　牛車一兩　　　73EJF3：357

【集注】

〔1〕王延壽：人名，為常安庫宰。

左前騎士孤山〔1〕里郭賀〔2〕　　　　　　　　　73EJF3：367

【集注】

〔1〕孤山：里名。

〔2〕郭賀：人名，為騎士。

　　　　　　　　　　　　　　　　　大車一兩」⊠

傃人填戎樂里〔1〕下造張翁〔2〕，年二十五」

　　　　　　　　　　　　　　　　　用牛二頭」⊠　73EJF3：368

【集注】

〔1〕樂里：里名。

〔2〕張翁：人名，為傃人。

　　　　　　　　　　　大車一兩

昭武萬歲〔1〕里公乘張隆〔2〕，年卅五　　　　七月乙亥，南，七日北

　　　　　　　　　　　用牛二頭　　　　　73EJF3：369

【集注】

　〔1〕萬歲：里名，屬昭武縣。

　〔2〕張隆：人名。

茂縣敬老〔1〕里唐惲〔2〕，年十八　作者同縣里王同〔3〕，年二十一（上）

大車一兩

　　　　　　　二月甲申，南，嗇夫詡〔4〕入

用牛二頭（下）　　　　　　　　　　　　　　　73EJF3：370

【集注】

　〔1〕敬老：里名，屬茂縣。

　〔2〕唐惲：人名。

　〔3〕王同：人名。

　〔4〕詡：人名，為關嗇夫。

甲卒居延富里〔1〕張惲〔2〕，年三十五　大車一兩、用牛二頭　九月戊戌出亅

　　　　　　　　　　　　　　　　　　　　　73EJF3：371

【校釋】

　　「甲」字原作「田」，趙爾陽（2018A）認為其當釋「甲」。今按，該字作 **甲** 形，從字形來看確為「甲」，又漢簡中釋作「田卒」的「田」寫成「甲」的情況還有出現，因此其或存在有「甲卒」這樣一種卒。此從趙爾陽（2018A）釋。

【集注】

　〔1〕富里：里名，屬居延縣。

　〔2〕張惲：人名。

陽縣〔1〕萬世〔2〕里李葉〔3〕，年二十八（上）

大車一兩

用牛二頭，其一黃特、齒三歲，黑犗、齒十歲（下）　　　73EJF3：372

【集注】

〔1〕陽縣：黃浩波（2017D，181頁）：「陽縣」亦不見載於《漢書·地理志》。就名
稱判斷，「陽縣」或是「陽陵」改易而來。

今按，其說或是。

〔2〕萬世：里名，屬陽縣。

〔3〕李葉：人名。

		大車一兩
廣利〔1〕隧長魯武〔2〕葆　轢得當富〔3〕里成彭〔4〕，年卅三		用牛二頭
		73EJF3：373

【集注】

〔1〕廣利：隧名。

〔2〕魯武：人名，為廣利隧長。

〔3〕當富：里名，屬轢得縣。

〔4〕成彭：人名。

安樂〔1〕里莊淵〔2〕　　　　　　　73EJF3：374

【集注】

〔1〕安樂：里名。

〔2〕莊淵：人名。

鄣卒孫侯〔1〕　迎粟橐他　　　　　73EJF3：375

【集注】

〔1〕孫侯：人名，為鄣卒。

廣利〔1〕隧長魯武〔2〕葆　轢得悉意〔3〕里丁業〔4〕，年六十 J 73EJF3：376

【集注】

〔1〕廣利：隧名。

〔2〕魯武：人名，為廣利隧長。

〔3〕悉意：里名，屬轢得縣。

〔4〕丁業：人名。

延新〔1〕隧卒東郭歂〔2〕卩　出　　　　　　　　　73EJF3：377

【集注】

〔1〕延新：隧名。

〔2〕東郭歂：人名，為戍卒。

出中舍穀一斗卩　貸水門〔1〕卒張咸〔2〕　二月丁酉，嗇夫詡〔3〕付

73EJF3：382A

攜子行嫁者如此矣　擔　菌　菓　　　　　73EJF3：382B

【集注】

〔1〕水門：隧名。

〔2〕張咸：人名，為戍卒。

〔3〕詡：人名，為關嗇夫。

左前騎士陽里〔1〕張豐〔2〕　　　　　　　　　73EJF3：385

【集注】

〔1〕陽里：里名。

〔2〕張豐：人名，為騎士。

☑前騎士三泉〔1〕里張建〔2〕　閏月晦，北出　☑　73EJF3：387

【集注】

〔1〕三泉：里名。

〔2〕張建：人名，為騎士。

☑稽北〔1〕亭長毛何〔2〕　送卒城官　　　　　73EJF3：389

【集注】

〔1〕稽北：亭名。

〔2〕毛何：人名，為稽北亭長。

戍卒昭武安國〔1〕里公乘王襃〔2〕，年卌一　卩　73EJF3：393

【集注】

〔1〕安國：里名，屬昭武縣。

〔2〕王襃：人名，為戍卒。

石南〔1〕亭卒朱護〔2〕　　就食城官　　　　　　　　　73EJF3：394

【集注】

〔1〕石南：亭名。

〔2〕朱護：人名，為戍卒。

出麥二斛三斗　稟□　　　　　　　　　　　　　　　　73EJF3：395

出麥二斛三斗　……　　　　　　　　　　　　　　　　73EJF3：396

【校釋】

　　以上兩簡形制、字體筆迹相同，內容相關，當原屬同一簡冊，可編連。

出粟三斛三斗三升少　稟廣新〔1〕隧卒范讓〔2〕八月食　八月一日自取□□

　　　　　　　　　　　　　　　　　　　　　　　　73EJF3：397+403

出粟三斛　稟左前候長孫翁〔3〕九月食　　☑　　　　73EJF3：458

【校釋】

　　以上兩簡形制、字體筆迹一致，內容相關，或原屬同一簡冊，可編連。

【集注】

〔1〕廣新：饒宗頤、李均明（1995B，177 頁）：新莽代漢，通常將地名機構名所見
　　「漢」字改作「新」或「信」字，《漢書・地理志》所見如「安漢」改作「安
　　新」、「漢陽」改作「新道」、「漢中」改作「新成」；「廣漢」改作「廣信」等。
　　據此規則，簡文所見「廣新隧」當為新莽所改漢「廣漢隧」名。
　　　　今按，說當是。廣新當即廣漢隧。

〔2〕范讓：人名，為戍卒。

〔3〕孫翁：人名，為左前候長。

中營右騎士富里〔1〕任並〔2〕　　　　　　　　　　73EJF3：398

【集注】

〔1〕富里：里名。

〔2〕任並：人名，為騎士。

右前騎士中宿〔1〕里鄭彭〔2〕　　□□　　　　　　　73EJF3：399

【校釋】

　　「彭」字趙爾陽（2018B，336 頁）釋作「竝」。今按，該字作 ⬚ 形，似非「竝」，暫從整理者釋。

【集注】

〔1〕中宿：里名。

〔2〕鄭彭：人名，為騎士。

延亭居延甲溝〔1〕守候蕭遷〔2〕　　　　　　　　　　73EJF3：400

【集注】

〔1〕甲溝：饒宗頤、李均明（1995B，175 頁）：「甲溝」為新莽所改「甲渠」候官名。

　　　　紀寧（2017，52 頁）：甲渠候官的「甲溝」之名始自王莽，而且也終於王莽。「甲溝守候」，是王莽時期甲渠候官的專屬稱謂。

　　　　今按，諸說是。甲溝即甲渠，居延都尉所屬候官名稱。

〔2〕蕭遷：人名，為甲溝守候。

出稟穬三斛　　稟受降〔1〕、安世〔2〕隧長李敞〔3〕、牛成〔4〕等二人，十月食　　　　　　　　　　　　　　　　　　　73EJF3：401

【集注】

〔1〕受降：隧名。

〔2〕安世：隧名。

〔3〕李敞：人名，當為受降隧長。

〔4〕牛成：人名，當為安世隧長。

西海左寧〔1〕督盜賊衛萌〔2〕　　客一人　　·凡二人　　73EJF3：402

【集注】

〔1〕左寧：肖從禮（2018B，191 頁）：簡中「西海左寧」即「西海郡左寧縣」。

　　　　今按，其說或是。「左寧」或為西海郡屬縣。

〔2〕衛萌：人名。

右前騎士中宿〔1〕里韓襃〔2〕　　　　　　　　　　　　　73EJF3：406

【集注】

〔1〕中宿：里名。

〔2〕韓襃：人名，為騎士。

■右卒驛小史十一人　用穀三十柒斛八斗　　　　　　　73EJF3：412

出鹽七升九龠　給食二千石所使及郡中⊿　　　　　　　73EJF3：418

出薰二升　稍薰傳□⊿　　　　　　　　　　　　　　　73EJF3：419

【校釋】

　　「薰」字分別作![薰]、![薰]形。從其字形來看，當為「熏」字。熏在漢代銅器中有這種寫法，如![熏]等（徐正考、肖攀《漢代文字編》69頁，作家出版社 2016 年），可以參看。「熏」通「薰」，指香草。《說文・艸部》：「薰，香草也。」

⊿□三斗三升　稟逆寇〔1〕隊卒審彭〔2〕閏月食　　⊿　　73EJF3：420

【集注】

〔1〕逆寇：隧名。

〔2〕審彭：人名，為戍卒。

關門卒竇宣〔1〕八月逋三斗米　九月逋六斗米，凡逋九⊿　73EJF3：422

【集注】

〔1〕竇宣：人名，為關門卒。

戍卒觻得千秋〔1〕里公乘江永〔2〕，年卅　　丿　　⊿　73EJF3：423

【集注】

〔1〕千秋：里名，屬觻得縣。

〔2〕江永：人名，為戍卒。

　　　　　　　　　　　　　　　　　　　大車一兩丿

僦人樂涫〔1〕直里〔2〕下造孟忠〔3〕，年三十五

　　　　　　　　　　　　　　　　　　　用牛二頭丿

　　　　　　　　　　　　　　　　73EJF3：536+424

【集注】

〔1〕樂涫：裘錫圭（1996，217 頁）：《漢書・地理志》所記酒泉郡屬縣正有樂涫，
　　　故地當在今甘肅酒泉市與高臺縣之間。

　　　　黃浩波（2011C）：樂涫、濼涫、樂官，實為一地；而當時之人多寫作濼涫。

　　　　今按，諸說是。樂涫為酒泉郡屬縣。《漢書・地理志下》：「樂涫，莽曰樂
　　　亭。」

〔2〕直里：里名，屬樂涫縣。

〔3〕孟忠：人名，為僦人。

☒　　用布一丈　　　　　　　　　　　　　　　　　　　　73EJF3：426

累南〔1〕亭卒隋放〔2〕　　送財用札〔3〕府　八月二日，北　　73EJF3：429+434

【集注】

〔1〕累南：亭名。

〔2〕隋放：人名，為戍卒。

〔3〕財用札：趙寵亮（2006，181 頁）：它不是指一般的「財和物」，而是指政府各
　　　級部門日常辦公所必需的辦公用品……兩行、檄、尺札等這些表示不同規格、
　　　用途的簡牘，均為「財用」（辦公用品）。

　　　　今按，其說當是。財用札即辦公所用簡札。

　　　　　　　　　　　　　　作祿福平牛〔3〕里☒
常幸〔1〕里公乘李就〔2〕，年六
　　　　　　　　　　　　　　車二兩、用牛☒　　　　　73EJF3：431

【集注】

〔1〕常幸：里名。

〔2〕李就：人名。

〔3〕平牛：里名，屬祿福縣。

☒……米備黍千黍百五十石，第三　　　　　　　　　　73EJF3：437

☒年正月乙丑，北出　　　　　　　　子男訽〔1〕出　☒
　　　　　　　子女

☑騂牡、齒□歲、高六尺二寸　　　　　十二月壬午出☑　　　　73EJF3：442

【集注】

〔1〕詡：人名。

☑　　張掖郡觻得騎士富安〔1〕里黃立〔2〕，年二十二、有方一
☑　　張掖郡觻得騎士定安〔3〕里李戎〔4〕，年三十五、六石具弩一
☑　　張掖郡……具弩一　　　　　　　　　73EJF3：446

【集注】

〔1〕富安：里名。

〔2〕黃立：人名，為騎士。

〔3〕定安：里名。

〔4〕李戎：人名，為騎士。

戍卒觻得成漢〔1〕里公乘田襃〔2〕，年五十☑　　　　　73EJF3：462

【集注】

〔1〕成漢：里名，屬觻得縣。

〔2〕田襃：人名，為戍卒。

治溝卒㢶丘中里〔1〕上造靳陵〔2〕，年三十丿　　☑　　73EJF3：465+500

【集注】

〔1〕中里：里名，屬㢶丘縣。

〔2〕靳陵：人名，為治溝卒。

肩水駟北亭卒觻得新成〔1〕里公士李譚〔2〕，年三☑　　73EJF3：467

【集注】

〔1〕新成：里名，屬觻得縣。

〔2〕李譚：人名，為戍卒。

等車八兩、牛十頭為韋千人轉運粟當☑　　　　73EJF3：472+540

【校釋】

　　「韋」原作「事」。該字圖版作![字]，從字形來看，當為「韋」字。

大車兩、用牛二十頭☑   73EJF3：477

【校釋】

　　「兩」原作「十兩」，韓鵬飛（2019，1732頁）認為作「兩」。今按，說當是，該字作 ![形] 形，未見有「十」字，或為原簡書漏。

☑牛一頭，黃特、齒十歲
☑載米六十斛   73EJF3：481

居延賢里〔1〕公乘董相〔2〕，年六十三☑   73EJF3：484

【集注】

　〔1〕賢里：里名，屬居延縣。

　〔2〕董相：人名。

☑馬一匹
☑十一月八日出   73EJF3：486
☑一、矢卅　十二月戊寅出   73EJF3：487
☑五斤   73EJF3：489
☑十一月己丑☑   73EJF3：490
・凡車十五　☑   73EJF3：491
☑□十月甲子入　劍一、□□廿　卩
☑□光   73EJF3：495
☑　稟萬☑   73EJF3：501

中營右騎士富里〔1〕李☑   73EJF3：506

【集注】

　〔1〕富里：里名。

☑□二十五　牛車一兩
　　　　　　用牛二頭   73EJF3：507
☑雛豐，年二十五   73EJF3：515

　　　　　　　　軺車一乘
居延尉史孫護〔1〕
　　　　　　　　馬一匹，騧牝、齒八歲、高六尺（上）
七月壬辰，北，嗇夫欽〔2〕出（下）　　　　　　　　73EJF3：534+521

【集注】

〔1〕孫護：人名，為尉史。

〔2〕欽：人名，為關嗇夫。

☑蘇利，年卅八△丿□☑
☑……☑　　　　　　　　　　　　　　　　　　　　73EJF3：530

戍卒䚡得孝仁〔1〕里公乘賈□☑　　　　　　　　　73EJF3：538

【集注】

〔1〕孝仁：里名，屬䚡得縣。

河南郡雒陽南胡〔1〕里公乘史高〔2〕，年卅□☑　　73EJF3：544

【集注】

〔1〕南胡：里名，屬雒陽縣。

〔2〕史高：人名。

出麥二斛三斗　　☑　　　　　　　　　　　　　　73EJF3：545
出布二匹　　☑　　　　　　　　　　　　　　　　73EJF3：546
牛一頭，黑犗、齒九歲　　☑　　　　　　　　　　73EJF3：570+547

☑□南，嗇夫博〔1〕入　　　　　　　　　　　　　73EJF3：550

【集注】

〔1〕博：人名，為關嗇夫。

右前騎士富里〔1〕周並☑　　　　　　　　　　　　73EJF3：554

【校釋】

　　「富里」原作「富田里」，雷海龍（2017，89）釋。

【集注】

〔1〕富里：里名。

表是千秋〔1〕里仲岑☑　　　　　　　　　　　73EJF3：559

【集注】

〔1〕千秋：里名，屬表是縣。

☑十二月省卒芳葦☑　　　　　　　　　　　　73EJF3：565

【校釋】

「芳」原作「芳」，尉侯凱（2017A，36頁）釋。

　　　　　　　　　　　　大車☑
☑茂陵道德〔1〕里王永〔2〕，年五十二　用牛一☑
　　　　　　　　　　　　十一月☑　　　　　　73EJF3：572

【集注】

〔1〕道德：里名，屬茂陵縣。

〔2〕王永：人名。

☑□歲　　丿　　　　　　　　　　　　　　　73EJF3：582

☑　持牛十六頭丿　　　　　　　　　　　　　73EJF3：584

【校釋】

「丿」原作「入」，雷海龍（2017，90頁）釋。

中營左騎士鳴沙〔1〕里尚尊☑　　　　　　　73EJF3：586

【集注】

〔1〕鳴沙：里名。

☑卒二人亡　　　　　　　　　　　　　　　　73EJF3：588

☑□年卅　　☑　　　　　　　　　　　　　　73EJF3：589

☑　牛車一兩　　☑

☑　用牛一頭　☑　　　　　　　　　　　　　　73EJF3：596

☑七百五十束☑　　　　　　　　　　　　　　73EJF3：598

☑　三十九兩粟　☑　　　　　　　　　　　　73EJF3：600

☑　鞻簪十三☑

☑　弩一、幩十□☑　　　　　　　　　　　　73EJF3：605A

☑　以郵郵起行　☑　　　　　　　　　　　　73EJF3：605B

☑　一兩　　　　　　　　　　　　　　　　　73EJF3：607

☑年廿　☑　　　　　　　　　　　　　　　　73EJF3：613

☑□

　　　　　卩☑

☑尺七寸　　　　　　　　　　　　　　　　　73EJF3：614

☑年卅二　☑　　　　　　　　　　　　　　　73EJF3：615

□□穬麥☑　　　　　　　　　　　　　　　　73EJF3：624

☑見☑　　　　　　　　　　　　　　　　　　73EJF3：631